# 北海道日本ハムファイターズ流 一流の組織であり続ける 3つの原則

北海道日本ハムファイターズ
1軍内野守備走塁コーチ兼作戦担当
白井一幸 著

# 推薦のことば

「指導者として最も尊敬し、信頼するカズの指導論。わたしは今も学んでいます。絶対後悔させないこの1冊！」

北海道日本ハムファイターズ 監督　栗山英樹

「本物の指導者は、チームの目標達成のため、いい人と思われるとか好かれるを捨てる覚悟が必要です。白井さんは本物です」

株式会社今治. 夢スポーツ 代表取締役会長　岡田武史

「冷静な頭脳と熱い心で、会うたびに刺激をくれる〝日本一のコーチ〟白井さん。すべての指導者・管理者必読の書」

東洋大学教授・慶応大学名誉教授　竹中平蔵

# はじめに

2016年10月29日――。

北海道日本ハムファイターズは10年振り3度目の日本シリーズ優勝を飾り、栗山英樹監督が8度、マツダスタジアムの宙を舞いました。

レギュラーシーズンでは、パシフィック・リーグ歴代2位の11・5ゲーム差を覆して4年ぶりのリーグ制覇。日本シリーズでは広島東洋カープに2連敗を喫しながら、2度のサヨナラ勝ちを含む4連勝で優勝。

今季のファイターズは、〝大逆転劇〟の連続でした。

じつはこの日本一のチームづくり。さかのぼれば、1999年から始まっていました。わたしがニューヨーク・ヤンキースでコーチ留学を終えて帰国した年です。大社啓二オーナー代行から直接「長いあいだ低迷しているファイターズには何が必要なのか？」というヒアリングを受けました。

当時は逆指名制度で社会人や大学の即戦力と言われる選手がなかなかファイターズを逆指名してくれない時代。いちばん高く評価している選手を自由に獲れない時代でした。過去にはファイターズはドラフト1位指名した選手に入団拒否をされたりという経験もあり、思うような選手獲得ができていませんでした。

高校生で将来性の高い選手は残っていたため、その選手を重点的に指名して育てるしかない。「〝スカウティング〟と〝育成〟のチームをめざすしかありません」と進言しました。

獲得した高校生やファームの若い選手たちが1軍になって定着するためには3年くらいの期間は必要です。その選手が1軍で経験を積み、日本一に貢献できる戦力になるためにはまた3年は欲しい。「2007年に日本一になる」というレポートを提出しました。

当時のスカウティングは、スカウトがそれぞれメモを取って、スカウト会議のなかで意見として共有するという一般的な方法をとっていました。

スカウトがいなくなればデータは残らず、スカウティングはふりだしに戻ります。他球団と同じような手法です。

チームとしてスカウティング力を高めていくためには、何をすればいいのか？　スカウトデータを蓄積・共有することが必要不可欠です。ヤンキースのスカウティングシステムを参考に、ゼロから構築する作業が始まりました。

当時の野球界ではじめてと言えるＩＴを導入して「足が速い」ではなく「50メートルを何秒で走れば何点」。「球が速い」ではなく「球速何キロは何点」と、計測できる能力をすべて数値化しました。

即戦力は当然スカウティングポイントが高くなります。一方、高校生の計測できる数値は低い。戦力として換算するためには、将来性のポイントをたくさん上乗せしていくしかありません。将来性については、スカウトの裁量で何点つけてもいいという規定にしました。数値化できない項目こそ、スカウトの能力が試されます。スカウトが役割と責任を認識し、自己評価できる体制に変わりました。

その検証作業も、何年も前のスカウトノートを段ボール箱から出して……とはなかなかできません。ＩＴシステムなら入団時の評価と現在の評価を一瞬で見比べられます。自分の評価が正しかったのか、正しくなければスカウトの見る目がなかったのか、育成の問題なのかが浮き彫りになります。

この仕組みをファイターズに導入し、スカウティングについてひと区切りがついた段階で、わたしは２０００年に2軍総合コーチとして、現場で育成に入りました。

２００３年から1軍のヘッドコーチを務めて、結果的に1年早い２００６年に44年間遠ざかっていた日本一を達成しました。1年前倒しでの達成に、大社オーナーからは「白井くん、嘘をついたね」というこうれしい言葉をいただきました。

1999年からチームの根幹づくりに携わり、再建に着手しました。現場でトレイ・ヒルマンという外国人監督のめざすものと、ファイターズのめざすものを融合させるなかで培った育成経験を2007年に『メンタル・コーチング』（PHP研究所）として出版しました。

それから丸7年間。ファイターズはずっと右肩上がりに成功してきたわけではありません。リーグ優勝も経験しながら、2013年には最下位に転落してしまいます。そこでふたたびチームの再生が図られたのです。

これからお話しするのは2014年以降、内野守備走塁コーチ兼作戦担当として古巣ファイターズに復帰し、栗山監督をはじめコーチ陣と二人三脚で日本一になるまでに取り組んだ軌跡です。

コーチという現場の、いわば中間管理職としてチームの改革に努めてきました。強いチームをつくるために、何を意識して、どのような関わりをしてきたのか、その考え方はどこからきているのかを伝えることで、スポーツ分野だけではなくリーダーとして組織を導く多くの人たちに役立てていただけることを願っています。

# 目次

## 第3章　スター選手軍団でなくても勝てる理由

## 第4章 日本一の選手育成法



## 第5章 選手の心を動かす日本一の伝え方

第1章

# 世界一から学んだ常勝チームのつくり方

## 万年最下位から日本一をめざして……

ファイターズは北海道に移転して12年目のシーズンを終えました。そのあいだの戦績は9回のクライマックスシリーズ進出、5回のリーグ優勝、2回の日本一。

直近10年間に限っては、リーグ優勝回数がファイターズ5回、福岡ソフトバンクホークス4回、東北楽天ゴールデンイーグルス1回と、現在のパ・リーグはファイターズとホークスの2強時代に突入しています。

こうした華々しい成績から、毎年優勝候補に挙げられるようになったファイターズも、東京に本拠地を置いていた1980年代〜1990年代は弱いチームでした。最後に日本シリーズを制したのは1962年の東映フライヤーズ時代です。「日本一弱い」と揶揄されて、毎年のように最下位争いを繰り返すチームでした。

そのファイターズでわたしは12年間選手としてプレーさせていただきました。一度も優勝経験がないまま引退し「指導者として日本一を成し遂げたい」「日本一の歓びをチームで味わいたい」という強い思いをもって、引退後、当時ファイターズが提携していたニューヨーク・ヤンキースにコーチ留学をさせてもらいました。

じつはこのときにファイターズの密着取材をしていたのが、ジャーナリストとして活躍していた栗山監督です。まさか将来ファイターズの監督になるなんて、想像すらできませんでした。

２０１２年、栗山監督の就任当初は「ファイターズでのプレー経験も指導者としての経験もないのに監督が務まるのか？」という世間からの厳しい意見がありました。ただ、当時のマスコミ関係者として日本でもっともファイターズに精通していた人物は栗山監督であったことは間違いありません。

話を戻すと、コーチ留学先であったヤンキースは、野球界の頂点にいる球団です。理由は、その圧倒的な実績が物語っています。ワールドシリーズの優勝回数は通算27

回（第2位のセントルイス・カージナルスは11回）。２０１６年に世界一になったシカゴ・カブスはじつに１０８年ぶりのワールドシリーズ制覇でしたから、年間王者になることが球団にとってどれほどの偉業であるかがよくわかります。ヤンキースは世界最高峰のメジャーリーグ30球団のなかでも、突出した実績を誇っている、まさしく最強チームです。

当時のわたしは日本一弱いチームから世界一強いチームにコーチ留学したわけです。学ぶ目的は１つでした。

世界一のチームとそうではないチームの差は何か？

この理由を知るべく単身渡米し、２年間過ごすなかで、はっきりと答えが見えてきました。

アメリカのプロ野球制度は頂点のメジャーリーグから最下層のルーキーまで、８つの階層（２４２チーム）で構成されています。すなわち１軍から８軍まで分かれている、巨大なピラミッド構造です。

日本のプロ野球は2軍制（球団によっては育成選手・研修生を登録）ですから、最大3階層までしかなく、アメリカ野球界の裾野がいかに広いか、メジャーリーグの頂がどれほど高いかがよくわかります。

アメリカでも日本でも、ドラフト会議が終わると、新人選手の入団発表会見が各球団で開かれます。そこで必ず聞かれるのが「皆さんのプロとしての目標はなんですか？」という質問です。

「早く1軍に上がって活躍したいです」
「1日も早くレギュラーとして戦力になりたいです」
「将来はメジャーに挑戦したいです」

テレビでもよく見たことがあるでしょう。日本の新入団選手発表会見では、通常このような受け答えがなされます。ほとんどの選手は自分の目標を口にするのです。

ところが、この入団発表会見で、わたしはヤンキースとファイターズの差を痛感しました。

ヤンキースは8軍の選手が「世界一になりたい！」と口にしていたのです。これはどういうことでしょうか？

メジャーリーグ30球団すべてがワールドシリーズの制覇をめざしています。メジャーの選手に「あなたの目標はなんですか？」と聞けば「優勝です」と答えるでしょう。ところが、新人選手は異なります。「ひとつでも上のカテゴリーへ行きたい」「メジャーリーガーとして活躍したい」と、自分の目標を突き進みながら1軍をめざします。晴れてトップチームの選手になった時点ではじめて「世界一になりたいです」と、優勝を意識するのです。

しかし、ヤンキースの新人選手は入団した時点で、チームの世界一という目標を自分の目標にしていました。

「わたしは世界一をめざすヤンキースの一員です。どんな試合でも必ず勝ちます。チームの勝利のためにプレーをします」

こうした発言を新入団選手がする球団はヤンキース以外にはありませんでした。

入団以来ずっと世界一をめざしてプレーし続けている選手が集まったチームと、自分の目標達成に邁進し、1軍になった瞬間から世界一をめざし始める選手が集まっているチーム。この2つのチームが対戦したときに、どちらが世界一になれる可能性が高いでしょうか？

8軍時代から世界一をめざす意識の高さ、「これこそがヤンキースが世界一たる最大の理由なんだ」と、わたし自身が誰よりも納得しました。そればかりか清掃係もグラウンド整備係も「われわれの仕事は世界一をめざすヤンキースの選手たちがプレーする場所を整備することなんだ。世界一の環境を整えて、選手たちと共に世界一をめざすんだ」と、誇りと自覚をもって働いていたのです。

ヤンキースに関わるすべての人たちが世界一という目標を共有し、責任と役割を果たそうとしている。最高のチームをつくるための方向性が明確になった瞬間でした。

ヤンキースに携わる人すべてがヤンキースを特別だと思い、世界一をめざし続けるからこそ、ヤンキースはほんとうに世界一になり続けているのです。

もちろん、これはヤンキースという球団の伝統がなせる業です。過去の先輩たちが世界一をめざし、ほんとうに世界一になり続けているからこそ、入団した時点で誰もが世界一のチームの一員として自覚をもち、行動するのです。

ではファイターズはどうでしょう？　伝統も実績もないから日本一になれないのでしょうか？　そうではありません。一からつくっていけばいいのです。

２００１年、わたしはヤンキースでのコーチ留学を終えて、ファイターズから２軍監督を任されたとき、開口一番、選手たちを前にこう問いかけました。

「みんな日本一になりたいか？」

反応はありません。当然です。40年近く優勝から遠ざかっているチームの、２軍選手にとって、まったく現実味のない、雲をつかむような話です。

「いやいや日本一どころか、2軍でレギュラーに定着するのが先決ですよ」

「まずは実力をつけて1軍入りするのが目標です」

面と向かって言ってこないものの、選手たちの心の声がひしひしと伝わってきます。

日本一はまず1軍選手になってからめざすもの。それが選手たちの考えでした。


途方もない目標に直面したとき、反射的に人は否定します。誰もが無意識の思い込みに従うように「そんなことは無理だ……」とできない理由を探し始めます。そこでわたしはこう続けました。

「日本一をめざすことが、できない、という人は、ここで手を挙げてみてくれ」

誰も挙手しません。ミーティングルームは静まり返ったままです。

「そうだな、めざすことは誰でもできるな。そして、頂点にはめざすことでしかたどり着けないんじゃないか？　毎日、日本一をめざし、日本一にふさわしい取り組みを続けていけば、いずれ日本一になれるんじゃないだろうか？」

このとき、実際にヤンキースで見てきたことを話しました。8軍の選手までもが世界一をめざしている。２軍のわれわれはプロとして、どういう目標を掲げ、めざすのがふさわしいのか……。語りかけるごとに、選手たちの目の色が少しずつ変わってきました。

「日本一というのは結果だ。すぐにはなれないし時間がかかる。でもよく考えてみよう。どこのチームの誰よりも日本一をめざすという強い気持ちをもった、日本一にふさわしい練習なら今日からできるんじゃないのか？

今日の日本一なら今日なれるはずだ。今日からわれわれは日本一をめざし、日本一にふさわしい、日本一の練習をやっていくぞ！」

誰だってできない理由はいくらでも挙げられます。しかし、めざさないかぎり永遠に達成できません。たとえ日本一というまったく現実味のない目標であったとしても。もちろん、理屈では選手もわかっています。でも実践できないものです。だからこそ、指導者ができることから導いてあげるのが大切なのです。

ファイターズは２軍選手から日本一をめざすと宣言して始動したのが２００１年で

す。もちろん、目標にしただけでは定着するはずもありません。そこで指導者の出番です。

選手たちがほんとうに心から日本一をめざすために、チームの意識を変革するために、毎日練習が終わると、わたしは選手たちにこう声を掛けました。

「○○、今日は日本一にふさわしい練習ができたか？」

「はい！」

「そうだな、今日すべての練習メニューを一瞬たりとも気を抜くことなく、最高の集中力を発揮して取り組んでいた。すばらしい練習姿勢だった。明日も日本一になろうじゃないか」

ただ、現実には全員が言ったとおりのことを完璧にできるラクな指導はありません。頭では理解していても、つねに全力で練習できていない選手もいます。

「どうだ、○○、日本一の練習はできたか？」

「……できなかったです」

「そうだな、たしかに、あの苦しい場面を乗り越えられなかったな。でも、あきらめたというのは結果だよ。その原因はなんだ？」

「気合が入っていなかったと思います」

「そうか、では今日グラウンドに出てくるときに『おれは何がなんでも日本一の練習をするんだ。チームの一員として役割と責任を必ず果たすんだ』という強い気持ちをもってグラウンドに来ることができたか？」

「もてていませんでした」

「大事なのは結果ではなく強い気持ちをもつことができたかどうかだ。明日こそ日本一になろうじゃないか」


指導者にとって必要なのは、選手の身体ではなく心を動かすこと。できなかった選手を頭ごなしに否定せずに励ます。共に日本一をめざすチームの一員として鼓舞する。それによって少しずつ日本一になるためにふさわしい練習が続けられていきます。

この理想論のような育成をファイターズは１９９９年から取り入れ始めていました。当時のプロ野球界から見れば異端中の異端であり、周りからはさまざまな反発の声があり、否定論者もたくさん現れました。

しかし、2軍監督に就任してから5年後、ほんとうに44年ぶりの日本一に輝いたのです。このときの土台づくりは、２０１６年の優勝にもつながっていきます。

日本一になるという強い思いから、ふさわしい行動が生まれてきます。何事も目標達成するためには、まずめざすことです。

では、めざしたあと、日本一になるためにどのような取り組みをしていけばいいのでしょうか?

## 日本一のチームに必要な3つの条件

ペナントレースは１４３試合です。一発勝負のトーナメント戦ではないため、偶然優勝できるはずはなく、戦い続けていくとやはりチームの実力差が出てきます。日本一になるためには、チームの戦力が充実していること、まさしく選手一人ひとりの「実力」が必要です。

よい選手、実力ある選手がどれだけ集まっているか。プロ野球ではこのチーム戦力を表す非常にわかりやすい指標があります。所属する選手の年棒総額です。

選手の年俸は見込みに支払っているわけではありません。前年の成績に応じて翌シーズンの年俸額が決まります。すなわち、今シーズンもっとも能力の高い選手が集まっているチームとは、選手年俸の総額が高いチームと言えます。

今年、圧倒的な戦力を誇っていたのはホークスです。チーム年俸総額は50億円超、V9の読売ジャイアンツ、黄金期の西武ライオンズ（1980年代〜1990年代）と並ぶ、「プロ野球史上で3本の指に入る」という前評判に違わぬ強さでした。パ・リーグ序盤戦は44勝17敗5分で、2位の千葉ロッテマリーンズと7・5ゲーム差、ファイターズとは11・5ゲーム差をつけるホークスの独壇場でした。

ところが、2016年のリーグを制したのはファイターズ、カープという、共にチーム総年俸は12球団中8位の球団でした。

各リーグの優勝チームが、リーグ平均以下のチーム年俸総額であるという事実は、

4番を務められる選手、エースになれる選手を集めたドリームチームを結成しても、それだけでは勝てないことを物語っています。

野球はチームスポーツです。いくら能力の高い選手を揃えても、同じ方向を向いてエネルギーを注がなければチームは前に進みません。チームスポーツである以上、チームとして力を発揮できるかが大切で、実力はもちろん、「チームワーク」が日本一に欠かせない要素になります。チームワークとはたんに仲がよい、一体感があるではなく、全員が目標を共有して、一人ひとりが役割と責任を果たすことです。

しかし、実力があってチームワークがよくても日本一にはなれません。

今年のファイターズは「運がよかった」という場面が何度もありました。勝負は時の「運」。日本一への王手がかかった日本シリーズ第5戦。2回表ランナー1塁で、下水流昂選手が放ったライトフェンス上部直撃の打球はビデオ判定になりました。ボールがスタンドインしていなかったことでツーベースヒットとされました。しかし、フェンスに当たったボールはスタンド側にはねる可能性もあったわけです。どれだけ戦力を揃えてもチームワークを高めても防ぎようがありません。

あそこでホームランが出ていたら3点差がつき、試合は決してしまっていたかもしれません。終わってみたら「運がよかったとしか思えない」ということが、勝負事には往々にして起こります。

実力があって、チームの目標を全員で共有して一人ひとりが役割を果たし、最後にツキまくっている。これが日本一になれるチームです。

それぞれを具体的にどう身につければいいのか説明していきましょう。

まず実力は正しい方向で、正しい方法で、正しく練習をしていけばつきます。トレーニング法につながる話なので、のちほど詳しく述べていきます。

チームワークとは仲がよいことではないと言いました。仲がよいとは馴れ合いです。ほんとうにまとまったチームとは、メンバー全員がチームの目標を自分の目標に設定しています。

「今日の苦しい練習を自分がサボってしまえばチーム全員に迷惑がかかる。何がなんでもこの苦しみを乗り越えて、日本一のチームにふさわしい練習をするのだ」

このように厳しい場面でも、一人ひとりが自分の役割を認識して、チームのために責任を果たそうとする姿が、真のチームワークを発揮しているチームにはあります。もしがんばりきれないチームメイトがいれば、ほかのメンバーが鼓舞します。

「おい、がんばるのはここだぞ！　日本一になるためには1人として欠けることはできない。おまえもがんばるんだ！」

自分が役割を全うしているから、本気でメンバーを励ませられます。役割と責任を全うしているメンバーが多くいるチームは、勝利のためのさまざまな関わりが生まれてくるのです。

自分の目標は何がなんでも達成しようと思っている人はたくさんいます。たとえば、会社員でも「いい車に乗りたい」「家を建てたい」「子どもに満足な教育を受けさせてあげたい」という明確な願望をもって、日々成績を上げようと懸命に働く姿はたいへん尊いです。

では、会社の目標はどうでしょうか？　家を買う、車を買う、教育にはお金がかかります。そのお金は会社からいただきます。会社が目標を達成し、潤うからこそ自分たちに還元されます。

ですから、会社の目標に邁進することが、自分の目標をいち早く達成する方法です。そこで直面する苦しい場面を乗り越えることで、その人自身のレベルも、会社からの評価も上がります。そして、家族を養うことができます。よいチームは、このような考え方でまとまっています。

人は背負うほうが力を発揮できます。ファイターズでは栗山監督が「自分が監督を務めるかぎり4番は翔」と公言し、4番バッターは中田翔に固定されています。これは重圧を与え続けることが4番としての成長につながるという栗山監督の方針です。

4番バッターとは不思議なもので、大事なところで必ず打順が回ってきます。4番の働きが勝負を決することもたくさんあるからこそ、ほかの打順とは一線を画した特別な存在として認知されています。

日本シリーズの第3戦、8回までカープにリードをゆるし、大谷翔平が敬遠されて2アウト満塁になりました。中田の打球は、レフト松山竜平選手のスライディングキャッチも実らず、グラブからボール1個分あるかないかで捕球されずに1塁ランナーがホームに生還して逆転しました。

大事な場面で打てる選手は、調子の良し悪しではなく、緊張感やプレッシャーを自分のエネルギーに変えられます。背負っているものが大きければ大きいほど、重圧をはね返す力にできる。だからこそ、栗山監督はどれだけ調子を落としても、中田を4番から外そうとはしなかったのでしょう。

調子が悪くなればなるほど、プレッシャーは大きくなります。しかし、スタメンから外れると逃げてしまうことになります。責任を与えることで中田の能力をもっともっと引き出そうとしているのです。

ファイターズはカープに2連敗してしまい、巻き返すためにいちばん重要だった札幌に戻ってからの大事な大事な初戦。中田はチームを背負って、4番としての役割を果たし、チームは逆転勝利して日本シリーズの流れを変えることができました。

中田の勝負強さは、任せ続けた栗山監督によって引き出されたものだと思います。指導者が選手一人ひとりに役割を与えることで、チームの目標が選手自身の目標になる。選手は任せられた責任を果たそうと、チームのためにエネルギーを注ぐ。チームワークは指導者と選手の相互作用によって発揮されます。

そして、日本一のチームに必要な最後の要素である運を呼び込むためには何をすればいいのか？　わたしは、ただ指をくわえて待っているだけでは運はやってこないと思っています。種をまいてせっせと育てることで運を収穫できます。

ただし、その実りを独り占めしようとすると逃げてしまう。手塩にかけて育てた運を分け与えることで、気がついたら、ふたたび種が手元に現れている。運とはそんな不思議な存在です。

野球ではヒットを打てるかどうか、セーフになるかならないかばかりが着目されがちです。しかし、たとえ凡打だったとしても、100パーセントアウトになるとはかぎりません。相手の守備が捕球し損ねるかもしれない、送球が乱れるかもしれない。1プレー1プレーにさまざまな要素が複雑に絡み合うスポーツだからこそ、わたしはもし野球の神様がいるとしたら、最後まであきらめずに全力プレーする選手にチャンスを与えると信じて疑いません。

ですから、運を呼び込むような練習が日本一の練習だと選手たちに言いました。たとえば30メートルの全力疾走。ダッシュは最初の筋出力にもっとも負荷がかかるので、いちばんラクな練習法は、最初と最後に力を抜いて走ることです。

Aは「よーい、ドン!」でスタートして、1歩目からゴールの先まで全力で駆けていきます。

Bは最初、力を抜いて走ります。最後まで抜くと監督・コーチに怒られるため、途中で全力疾走するふりをします。スピードに乗れば労力は少なくてすむからラクです。そして、またゴールの手前で減速する。サボるという意味では非常に効果的な方法です。Uターンが早くできるので、スタートラインに戻るまでの距離も短くできます。

運を呼び込む練習

30メートルダッシュ

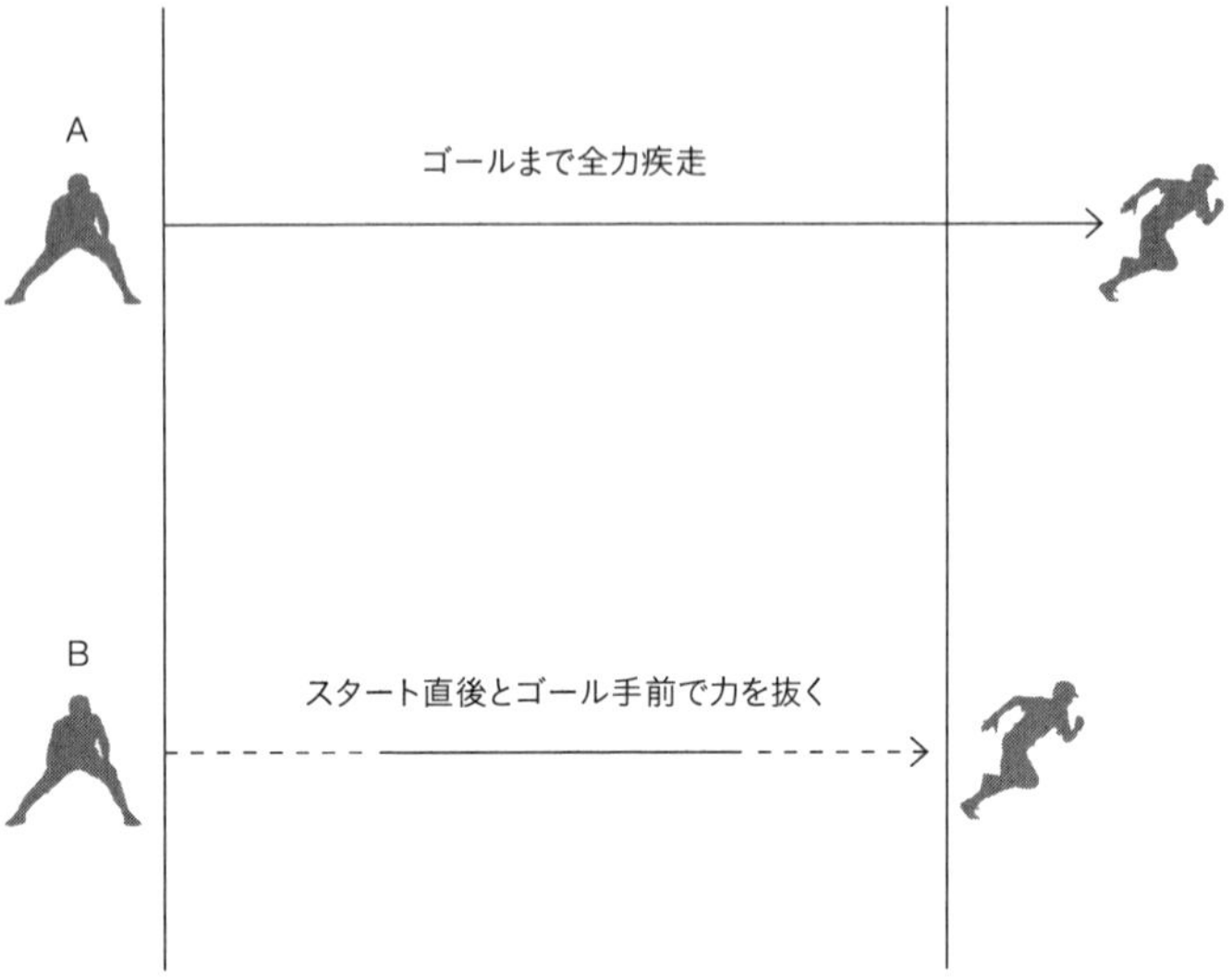


AとB、同じゴロを打ったときに、どちらがセーフになる確率が高いでしょうか？　相手選手が捕球して少しでも間を置いてしまったら、セーフになってしまうプレーをAは続けています。すると、凡打でも相手にはプレッシャーがかかります。捕球を焦ってエラーするかもしれません。送球をそらすかもしれません。

簡単なゴロでも相手のミスで塁に出れば、試合の流れを大きく変えるチャンスになります。反対に内野ゴロを打った瞬間、走らずにアウトになったら、そのチャンスをみすみす逃して、相手チームに倍の流れがいくことになります。1塁までのわずか27・4メートルをどう走るかが、試合を決定づける1プレーになるのです。

いままでの長い野球人生で、最後に運を呼び込むのは、意識してできることを愚直にやり続けている選手だと実感しました。

大事なことは、内野ゴロを打ってセーフになるかアウトになるかではなく、あきらめずに全力で1塁まで走ったかどうかなのです。そちらに焦点を合わせたほうが、結果的に塁に出られる確率も高くなります。

全力プレーにはそれ以外の副産物があります。仕事をしていても、スポーツをしていてもミスはつきものです。ミスしたときに周囲から「あいつがミスするなんて」と驚かれるか、「やっぱりミスしたな」と言われるか。両者を分けているのは、日ごろの仕事や練習に取り組む姿勢です。

もしBが試合中にエラーをすれば「おまえは普段からサボっているから、やると思ったよ」と1つのミスをきっかけにチームがバラバラになっていきます。

Aがエラーをすれば「あれだけ毎回真剣に練習しているAがミスしたのならば仕方がない、おれたちで取り返そう」と、チームがまとまっていきます。

そして、Aも「今日は大事なところでみんなに迷惑をかけたのに助けられた。いつも助けられる選手ではダメだ。みんなを助ける側の選手になりたい。そのためにはもっと実力が必要だ」と一層練習に打ち込むようになるでしょう。

全力でプレーする姿から、チームの勝利に貢献したいという意思を周りが感じて、その選手に信頼が集まります。A自身にも実力がついていきます。

じつは、運を呼び込む練習には、実力、チームワーク、運という日本一のチームになるための条件すべてが含まれているのです。

## 日本一にふさわしい指導とは?

運を呼び込む全力プレーが日本一にふさわしい練習だとしたら、日本一にふさわしい指導とはなんでしょうか？

2軍監督時代、日本一の指導とは何かをずっと自問自答してきました。自分の現役時代は主力としてつねに全力でプレーしていました。ただチームは勝てませんでした。では、チームメイトは努力していなかったのか？　一人ひとり思い浮かべると、自分以上にがんばっている姿がイメージされます。
なぜ、チームは低迷していたのか？　指導者が悪いと思い、一人ひとりを思い浮かべました。すると、指導者は選手たち以上に熱心でした。

では、何が原因だったのでしょうか？

相手バッターの放ったゴロが三遊間に勢いよく飛んで行く。ショートは落ち着いて捕球できず、ボールはグラブを弾いてそのままレフトに――。
「なにやってんだおれは……。こんな大事なところでミスをして。チームみんなに迷惑をかけてしまった」

選手は反省し、自分の言葉で自分を責めて、足を引きずり、肩を落としてベンチに帰ってきます。

このとき、野球ではお決まりの光景が目にされます。まず指導者によるベンチからのにらみつけです。下を向いていても視線を感じるというやつです。そして選手が帰ってくるなり、コーチは熱心な指導を始めるのです。

「バカヤロー、大事なところでミスしやがって、何やってんだ！　1歩目のスタートが遅いやないか！　バウンドが合っていないのに、グラブが上から下にいってんだよ。そんなんでいいプレーできるわけないだろ！」

落ち込んで反省しているところに、叱責を加えられた選手の立場になってみてください。失敗したとき、誰がなんと言おうといちばんショックを受けているのは当事者なのです。反省しているプレーについて、さらに怒られてやる気が出るでしょうか？

ところが、指導者は怒るというがんばりをしたあと、チェンジになって守りに行く選手に対して、追い打ちのように熱を込めて指導するのです。

「今度エラーしたら承知しないからな。気合入れて守れよ！」

プロ野球選手は「気合を入れろ」という言葉が大好きです。選手にとってプラスにならない〝活〟を、選手のためを思ってどんどん入れる。指導者が無意識でしていることです。

怒られて脅されて守りに行く選手の気分は最悪です。その一方で気迫を見せないともっと怒られます。声勇ましく「さぁこい！」と守りに入ります。でも内心は「おれのところに飛んでくるなよ」と気後れしている。

野球経験者ならみんな知っています。飛んでくるなと思ったときほど、なぜかよく球が飛んでくることを……。嫌な予感はよく当たります。

「おれのところへ飛んでくるなよ。エラーしたらまた監督・コーチに怒られるし、みんなに迷惑かかるし、自信ないし、頼むから……」

これではよい1歩目のスタートをきれません。「今度エラーしたら承知しないぞ」と脅されていて手は思うように動きません。指導者が一生懸命怒って脅せば、選手はミスを重ねていくだけ。また失策をしてしまったら、選手の心境は最悪です。

「ベンチに帰りたくない。このままチェンジになるな……」

ミスがあったときに選手を萎縮《いしゅく》させてしまうと、勝つチャンスが減ります。しかし、当時プロ野球界の指導は怒りと脅しがセットになっていました。

「今度エラーしたら承知しないぞと言ったのに、またエラーしたな。この打席で打てなかったらどうなるかわかってんだろうな」

指導者はまだまだプラスのないがんばりを重ねていきます。

「おいおいベンチに座っているおまえらも他人事じゃないぞ。ミスしたら承知しないからな！」

こうして指導する側は発破をかけているつもりでも、選手たちはますます萎縮していきます。

そして、試合が終わると、エラーした選手に教え出します。

「今日の試合、大事なところで2つもエラーしただろ。原因はスタートが遅れたことだ。体重がかかとに乗っている。いつもつま先にかけろと言っていただろ」

「……はい」

「わかってたらやれよ！　1歩目が遅れたときにグラブが上から下にいってんだ。下から上って何度も言ってるだろ！」

「はい、すみません」

「わかってたらやれって言ってるだろ！」


これもよくあるやりとりです。原因について教えています。「つま先体重で、グラブは下から上に使いましょう」。少年野球のころから耳にたこができているくらい言われている基礎をプロの選手が改めて教えられたらどんな気持ちになるでしょうか？

「そんなの言われなくてもわかってるよ。おれだってエラーしたくてエラーをしたわけじゃないんだよ。なんでおれの気持ちをわかってくれないんだよ……」

内心こう思いながら、火に油を注ぐのが嫌なので「はい、すみません」と言うしかありません。


教えることはとても重要です。ただし、指導者側に一度きりで伝えるという気持ちがなければ伝わるものも伝わらなくなります。

そして聞く側も「このコーチは1回しか教えてくれない。この1回ですべてを聞き取ろう」という気持ちになっていないと吸収できないのです。

指導者が何度も〝教える〟と、選手は受け身になって考えなくなります。生返事になり、言葉が落ちていかないばかりか、人間関係も悪化していきます。

しかし、ボタンを掛け違えたままの指導はまだ続きます。

「うまくなるためには練習しかない。これから1時間ノックしてやるから気合い入れて練習しろよ」

選手に〝させる練習〟の始まりです。試合でミスをして、怒られて、最後ペナルティのように半ば練習を強制される。この選手が「よーし、1時間、何がなんでもうまくなるぞ！　がんばり抜くぞ！」という気持ちになれるでしょうか？

人は強制されたことをがんばれません。とくに1時間のノックは練習のなかでもいちばんきついトレーニングです。指導者ががんばらせられるのは、選手が苦しくなるまで。ノックが始まって20分ほどするとしんどくなってきます。

苦しくなった選手はがんばるのをやめます。全力をあきらめた選手はわかりやすい行動に出ます。ノッカーが絶対に捕れないところへ打ってしまったときに、ダイビングキャッチを始めるのです。

ノッカーからはがんばっているように見えます。しかし、早めにダイビングキャッチすれば走る距離が短くてすみます。飛び込んでいるから、立ち上がって次の体勢を整えるまでの時間稼ぎができます。おまけに起き上がる瞬間に時計のチェックまでできる。

疲れが見えると指導者は必ずこう言います。

「がんばれ！　気合を入れろ！」

ほんとうに苦しいときに、この言葉だけで選手ががんばれたら指導者の仕事は必要ありません。

「がんばれ！」と言われたら「がんばってるよ。打ってるだけのおまえがおれに言うなよ」と、心の内では反発します。気持ちがついていきません。こうして1時間の練習を終えたとき、選手には何が残っているでしょうか？

弱いチームほど、こうした指導が繰り返されます。

①結果に対して怒る
②原因に対して教える
③上達するために猛練習させる

プロ野球の世界では、悪い結果に対して怒るコーチほど厳しくてすばらしいと称賛されます。原因に対して教えるほど理論的なよいコーチだと認められます。上達するために猛練習させるほど情熱的なコーチだと尊敬されます。

しかし、指導者に指導者らしさはいりません。必要なのは選手がうまくなるかどうか、成長するかどうかだけなのです。

日本一の指導とは、選手の身体を強制的に動かそうとするのではなく、自発的に心を動かす、やる気にさせる関わりです。

選手が知らないことを教えるのは重要です。しかし、すでに選手が知っていること
なら、ミスをしても怒ったり、教えたり、強制させる必要はありません。大切なのは
選手の心を動かすことです。

「どんまい、どんまい。野球にミスはつきもの。大事なのはミスしたあとだ。ミスを
した選手はまず元気がなくなってミスを重ねる。萎縮して消極的になってしまう。い
いか、ミスしたあとほど元気を出していこう。積極的にプレーしよう！」

試合中に指導者が選手にできるのは励ますことだけです。ミスしたときほど元気を
出す、積極性を出すのは、選手が意識してできることです。

指導者は怒るのではなく、まず選手のミスに対する恐怖を取り除いてあげます。

「キャンプ中から誰もいないところで黙々と練習していた姿を見ていたぞ。おまえな
らできるはずだ。このミスを取り返していこう！　思いきってやってこい！」

選手は指導者に陰の努力を認めてもらえていることに安心感をおぼえます。心強く
感じます。

教える関わりと励ます関わり、どちらがよいプレーにつながるでしょうか？　選手
の思いきりが出てくるでしょうか？

こうしてファイターズはエラーするほど励まし合って元気になっていく。そんなチームに生まれ変わったのです。選手はミスを恐れなくなりました。１００パーセントもっている力を発揮するようになりました。

指導者は、教えたことを選手ができていないときに、「わかってないいんじゃないか？」と、ついついすぐに教えようとしてしまいます。

教えるのをやめて励まし続けることで、チームは強くなりました。

## 質問以上に大切なこと

もちろん、選手は励まされているだけで上達するわけではありません。ミスが起こってしまったら、原因が必ずどこかにあります。原因を突き止め、どうしたらもっとよいプレーができるようになるのかを、指導者は選手自身に考えてもらわないといけないのです。

しかし、ここでまた教えると選手は考えなくなります。受け身になります。では、どうしたら自分で考えるようになるのでしょうか？


「今日大事なところで2つもミスをしたな、悔しいよな？」

「はい」

「じゃあ、ミスの原因について一緒に考えてみよう。1歩目のスタートはどうだった？」

「遅かったです」

「遅かったな。おれも現役時代、遅いときによくエラーしたんだよ。よくわかるよ。1歩目のスタートが遅いとき、体重はどこにかかってた？」

「かかとでした」

「あそこはどこに体重をかければいいスタートがきれるんだ？」

「つま先です」

「そうだよ、それでいい。たしかにかかとに体重が乗っていたからスタートが遅れて、バウンドに合っていなかったな。あのバウンドが合っていないときにグラブはどうやって動いた？」
「上から下に」
「どうやって動かすべきだった？」
「下から上です」

教える代わりに質問をします。人は質問をされると、答えるために考えます。でも質問は簡単そうで難しいものです。とくに指導者が指導する相手に質問する場合は。

たとえば「ミスの原因について一緒に考えてみよう」と言った瞬間に、周りは「おいおい指導者ならわかりやすく教えてやれよ」という反応をします。プロのコーチが「1歩目のスタートはどうだった？　どっちに体重をかければいい？」なんて質問すれば「そんなことも知らないのか」と、指導者失格の烙印を押されかねません。

経験豊富な人間が、経験の浅い人間に指導する方法として〝教える〟ことが染みついてしまっているのです。頭でわかっていても実践するのは容易ではありません。

2001年にコーチ陣に対して「教えることはもうやめて、これからは質問してください」と指導方針を定めたときも、最初コーチ陣は質問ではなく詰問を始めてしまいました。

「1歩目のスタートが遅かったんだろう？」

「体重はかかとだったよな？」

「グラブが上から下にいってただろう？」

教えたいことをただ疑問形にしただけの「はい」と「いいえ」でしか答えられない質問（クローズド・クエスチョン）を連発していました。コーチングでは詰問とも呼びます。


質問の目的は選手にミスの原因を自ら考えてもらうことです。考えるとはどういうことでしょうか？

たとえば、ものすごく聞き上手な人と話しているときに、会話しながらどんどん考えが整理される、気づきがあるという経験はないでしょうか。

考えることは話すこととも言い換えられます。選手にたくさん話してもらうためには、具体的な言葉で返せる質問（オープン・クエスチョン）で問いかけます。

「1歩目のスタートどうだった?」

「……遅れました」

「おれも1歩目が遅れたときによくミスをしたよ。体重はどこにかかっていた?」

「かかとでした」

「そうか、かかとだったか。どこに（体重を）かけていたらよかった?」

「つま先です」

「かかと体重だったからバウンドに合っていなかったな。そのときグラブはどう動いた?」

こうしたやりとりのなかで、選手はミスの原因を自分で見つけていきます。

でも、それだけでは選手の心は動きません。コミュニケーションでいちばん大切なのは聞く力です。人が上手に話せるかどうかは上手に聞いてくれるかどうかにかかっています。こちら側がどんなによい質問をしても、相手は答えてくれないし、情報を出してくれません。

「おれも1歩目が遅れたときによくミスをしたよ」「そうか、かかとだったか」と、相手の言うことに共感と信頼を示す聞く姿勢が伴って、オープン・クエスチョンも効果を発揮します。コミュニケーションがうまく成立するかどうかは聞く側の問題が大きいのです。

選手は自ら問題点に気づいていきます。指導者は考えるきっかけを与えるだけ。課題に気づいた選手は「重心の位置とグラブの使い方がうまくなるためにはもっとノックを受けないといけないな」と、自ら進んで練習を頼んできます。うまくなるためには練習しかないことは、選手がいちばんよく知っているのです。

無理にさせる練習はまったく必要ありません。選手たちが自ら取り組める環境を整えてあげる。怒る、教える、強制させることをやめたことで、ファイターズの全員が日本一のチームにふさわしい取り組みを始めるようになりました。

第2章

# 北海道日本ハムファイターズのコーチに求められている仕事

## 意識してできることを最後まであきらめず全力でおこなう

9回裏2アウトランナーなし。点差は10点。4番バッターが放った打球は、ボテボテのピッチャーゴロ。スタンドからはため息が漏れる。試合は決してしまっている。それでもファイターズの選手たちは声を張り上げます。

「走れ！」

勝つか負けるかにはさまざまな要因があります。勝利すればファンの人たちを喜ばせることができ、負けたら悲しませてしまいます。

ただ、プロとしてファンを負けて悲しませたままグラウンドから帰らせてしまってよいのでしょうか？　勝っても負けても、プロ野球選手はファンの皆さんに届けられるものがあります。

最後まであきらめず、全力で戦う。

ファイターズの合言葉です。もてる力を出すことに対しては100パーセントのエネルギーを注ぐ。勝っていようが負けていようが、どういう状況でも試合の最後まですべてを出しきる。これがファイターズが選手に求めるプロとしての姿勢です。

先ほどの場面、全力で1塁ベースに駆けていく。

「今日はボロ負けだったけれど、ピッチャーゴロでさえ全力で走っていったな。どんなときでも全力を尽くすのがファイターズの選手だ」

ファンの皆さんにこう思っていただけるプレーをめざして、選手たちは一瞬一瞬のプレーに全力を尽くします。感動は勝ち負けではなく、1試合1アウト1球に対してプロが全力を尽くす姿勢から生まれると、私たちは信じています。

そして、全力で戦い抜くことで勝つ可能性も高くなります。なぜなら相手チームにとってはつねに全力でかかってくる安心できない、1つのミスも許されない強敵になるからです。

感動を生む全力プレーは次のスタートにもつながっていきます。敗戦によってその試合をあきらめてしまえば、またチームを加速させるところから始めなければなりません。

しかし、ペナントレース143試合はつながっているのです。だからこそ、一度もゆるめることなく走りきる習慣をつくれるよう、何度も何度も選手たちに全力プレーの重要性を発信して、チームの理念として定着させました。

ファイターズの指導に何も難しい話はなく、意識してできることを最後まであきらめず全力でしよう。これをさまざまな角度から伝えているだけです。

「やみくもにがんばれ!」ではなく、「つねに感動をつくろう。価値をつくっていこう」という発信です。

結果に焦点を当てるのではなく、全力プレーを心がける。こうした当たり前のことこそが成長に必要なものなのです。全力を尽くすことでチームメイトの信頼も運も生まれてきます。何よりファンの皆さんに大きな感動を与え、自分たちも達成感を味わえます。

だからこそ、ほんとうに日常の何気ないところにある、不変の価値あるものを強く意識して行動につなげる。毎回できているか検証する。できていなければなぜできないのか、どうしたらできるようになるのか、できるようになればどういう価値があるのかを選手に問い続けることで、価値ある行動を起こせるようなきっかけをつくるのが指導者です。

不変の価値あるものとは、プレー以外の事柄も当てはまります。たとえば何事にも感謝をする、欠かさずにありがとうを言うといったことです。

感謝すればするほど、言った側も言われた側も喜びを得ます。チーム内にも伝播します。自分自身も成長します。感謝を大切にする行動はつねに価値をつくります。

もちろん、伝えても伝えてもなかなか定着しません。指導する側も伝わっていないことにショックを受けます。

「またその話か、言われなくてもわかっているよ」

こう思われていたとしても、実践できていないのでまた伝える。

「また同じことを言っている」

選手からはしつこいと思われて嫌われてしまう。言っても言っても実践されないと指導者も気分が悪くなります。もしくは選手に嫌われたくないので、伝え続けることをあきらめてしまいます。

そして、選手の機嫌がよさそうときは言う、機嫌が悪いときには言わない。言いやすい選手には言う、言いにくい選手には言わない。ついつい選手の顔色を見ながら指導するようになっていきます。


叱れない、言い続けられない、他者評価が気になる……。指導者も嫌われたくないし、嫌な思いをしたくないのです。しかし〝自分〟ではなく〝選手〟にとって何がベストなのかを考えれば、どう思われても選手の成長に必要なことを言い続けることが指導者の役割と責任です。

やさしい言葉をかければ「おれのことをわかってくれるいいコーチだ」と選手に思われるかもしれません。しかし、目の前で走らない選手を一度見逃したら、毎回見逃さないといけなくなります。この選手は見逃すけど、この選手は見逃さないとなっていきます。

どんなに調子を落としても、栗山監督の方針から不動の4番として出場し続けていた中田も、シーズン中に2試合スタメンを外されています。ファイティングスピリットがない、闘争心が感じられないという理由でした。

指導内容が選手に定着しないのであれば、選手ではなく指導する側になんらかの問題があります。どうしたら選手が前向きに取り組んでくれるのかを試行錯誤しながら、関わり合いの引き出しを増やしていくことは指導の醍醐味でもあります。

伝わらないのは伝える側の問題です。より伝わるための方法をたくさん考える。これは指導者が自分自身の能力を高める取り組みです。

2001年当時、コーチたちには「指導者の成長なくして選手の成長はない」と伝えていました。

じつは、2000年には、コーチ一人ひとりが客観的に自分の能力を把握し、高めていくために、専門家に依頼して成果主義のコンサルティングを受けました。

成果主義は従業員のモチベーションを上げる目的で導入されたものです。うまく取り入れられている企業は少ないものの、監督への意見、進言、具申を躊躇《ちゅうちょ》なくできたかどうか、毎回確実にできているかどうか、全力でプレーしていない選手に対して指摘ができたかどうかなど、指導者に求められる仕事を数値化して整理し、自己評価と他者評価することで、コーチ陣は指導者としてのスキルを上げていきました。

「おれは指導者として成功するぞ。指導者としての役割と責任を果たすぞ。だから発信し続けるんだ」

こう考えられたとき、指導者は選手に好かれようが嫌われようが関係なくなります。自分のチームが強くなるために、選手が成長するために、何が必要なのかだけに焦点が当たるようになります。

①選手に必要かどうか
②指導者としてできることは何か
③できることはやり続ける
④最後は選手に決める権利がある
⑤でもあきらめず関わり続ける

これが指導者としてわたしが自らに課しているルールです。自分で決めているので守りやすいものです。

言い続けるとどうなるのでしょうか？

「白井さんは機嫌とか言いやすさに関係なく、やっぱりダメなものはダメと言い続ける人だな」

選手にこうした認識をもたれるようになります。「またその話か……」が少しずつ変化していきます。

さらに言い続けていると指導者としての個性になっていきます。

「言い続けることが白井さんらしいな」

ここまできたら、最後は選手の傍に近づいて「おい！」と声を掛けた瞬間にこういう答えが返ってきます。

「わかっています。やりますから」

伝える側としてこれほどラクなことはありません。言い続けることで〝言わなくてもよい指導者〟になれるのです。

指導者はここまで言い込める覚悟が必要です。おそらくファイターズの選手は「コーチの中でいちばん厳しい人は誰ですか？」と聞かれたときに「白井さん」と答えるでしょう。なぜなら同じことを伝え続けるからです。

恐さや厳しさを怒鳴ったり説教することと重ねる指導者が多くいます。それは誤解です。暴力をふるったり、脅してやらせたとしても長続きはしません。選手の成長のために妥協なく関わることがほんとうの恐さや厳しさです。

指導者にできることは限られています。最終的に決めるのは選手自身。だからこそ、誠心誠意関わり続ければいいのです。恐れる必要は何もありません。

## 理念を定着させる方法

「勝ち負け、アウトセーフは結果でしかない。打ってから1塁まで全力で走ったかどうかがいちばん大事なことだ」

ファイターズの選手全員がわかっていることです。

「今日1日、意識してできることはすべて全力でおこなえただろうか？」

わたしが現場にいるときは毎日毎日、選手に問い続けます。誰にでも理解できる簡単なことだからこそ、浸透させたり、定着させることは簡単ではありません。それに気づいたのは、奇しくもファイターズを離れてからでした。

2012年に4度目のリーグ優勝をファイターズが果たした直後、翌年は一転、最下位に転落した時期に、わたしは野球解説者として外からファイターズの野球を見ていました。

「ファイターズが強くなったのは、新庄剛志や小笠原道大も全力疾走していたからだ。最下位という結果は実力ではなく、伝統がなくなっているからだ」

じつはかなり厳しい批判をしていたのです。

1塁に全力で走ることは誰でもできます。でも凡打でセーフになるなんて無理だという気持ちは選手全員がどこかにもっています。

だからこそ、もしピッチャーゴロを打って走らない選手が1人でもいれば「走らなくてもいいんだ」という意識がチーム内には一気に広まってしまうのです。

次にチーム理念が定着しない理由として「今のピッチャーゴロならアウトになって当然だし、全力疾走はしていなかったけれど仕方ないな」と、目の前で起こっていることをやり過ごしてしまう指導者の選択があります。

指導者が言わなくなると、選手たちもしなくていいんだと解釈します。10回中10回できていたものが9回、8回と少なくなっていき、ほとんど全力疾走をしなくなるという様子が、チームの外にいたことでよく見えました。優勝チームが1年で最下位にまで転落してしまったわけです。

「もう一度強いファイターズをつくるために協力してほしい」

球団からオファーをいただき、1軍コーチとして現場復帰しました。わたしの役割は明確でした。「意識してできることを全力でやろう」と発信することで、チームに理念を定着させるための再挑戦が始まったのです。

## どうしたら伝え続けられるようになるのか?

言いづらい選手には言わない。言いづらい場面では言わない。

これは指導者みんなが抱えている問題です。誰だって嫌な気分になりたくないし、しつこい人間だと思われたくありません。でも、その覚悟を決められるかどうかが指導者としていちばん大切なものだと思っています。

2001年から6年間かけて成し遂げた日本一を、2014年に現場復帰してから

3年間で達成できたのは、チームとしても指導者としてもすでに下地ができていたからだと思います。

チームスポーツは「ファンのため」「チームのため」「選手のため」という言葉だけが上滑りして、指導者自身の成功が疎かになっているように感じます。

自分が成功したいのだという強い想いがないかぎり、選手たちに「必ず成功するんだ」と言っても伝わりません。

メンタルのブレーキを外すことができたのは、インサイドアウトの考え方を知ってからでした。指導者にとって最高の歓びを想像したときに、それは選手の成功であることに気づいたのです。

昔の自分はとにかく夢中で発信していました。ただ、ほんとうに真心の込もった指導とは自分ではなく、選手にとって必要だから言い続けることだと気づきました。

伝えることを途中であきらめてしまうのは、結局指導者が自分自身のラクなほうに向かって仕事をしているからです。

「どうしたら選手ができるようになるのか」をつねに試行錯誤する。それが選手のため、チームのため、ファンのため、関わるすべての人に喜びや気づきを与えることになれば最高の結果なのです。

選手に好かれたければ簡単です。好かれることを言えばいい。

「毎日毎日全力でやれ、ファーストまで走れ走れってチームは言うけど、おれだって現役時代はしんどい時もあったし、忘れることもあった。あんまり気にするなよ」

こう言えば選手には「おれのことをわかってくれている」と思われるかもしれません。でも、指導者が選手の傷をなめて選手が全力でプレーしなくなったら、徐々にチームメイトの信頼を失います。試合で使われなくなります。

もし選手が2軍落ちしたり、解雇されてしまったら、ほんとうによいコーチだと評価できるでしょうか？　必要なものを伝えてくれなかった無責任なコーチになってしまいます。

「白井さんはしつこくて嫌いだったけど、今思えばあのときがいちばんおれの野球人生で大事だった。当時は誤解したけど、ほんとうに感謝している」
こう選手から言ってもらえるようなコーチになるためには、道中の評価は関係ないのです。選手の成長にとって必要なことだけを見て、毎回伝え続けます。

指導者とは選手がゴールしたあとに振り返って、はじめて評価が決まる存在です。自分が手をかけているあいだ、指導者は選手からの評価をまったく気にしてはいけないと肝に銘じています。嫌われようがどう思われようが、評価はあとになって決まるものだと、覚悟を決めて選手にとって必要なことを発信し続ける。

選手が今すぐに取り入れて実践してくれるとはかぎりません。明日かもしれない、1年後かもしれない、10年後かもしれない、現役を引退してその選手自身が指導者になったときに「あのとき白井さんが言っていたことはこういうことか」と、ようやくわかるようになるかもしれない。

それでも全然かまわないと思っています。いつかはわかってくれるだろうと思っているから言い続けられます。「嫌われたらどうしよう」「理解してもらえなかったらどうしよう」では、発信なんてできません。

「これは選手のために絶対に必要だ」という選手に対する信念があるから「5年でも10年でも伝え続ける！」という覚悟が生まれます。

## 指導者としての信念

指導者としての信念はどこから生まれるのか？　わたしのキーポイントになったのは2軍監督の時代に田中賢介を指導した経験です。

田中賢介は1999年に中日ドラゴンズ、西武ライオンズの3球団争奪の末、ドラフト2位指名でファイターズに入団しました。

当時から打撃センス抜群で、2軍からスタートした年に打率3割1分3厘を記録し、2001年には開幕1軍入りを果たしました。才能溢れる若手選手と出会い、彼自身も「自分は活躍できる」という自信をもっているのが感じられました。その裏返しに他人の発言に惑わされない芯の強さをもっていました。

自信と頑固さは紙一重で、わたしは両方とも一流選手に必須の条件であると思っています。ただ、指導者が選手の頑固さに負けてしまえば、選手の頑固さは成長を妨げる頑固さになってしまいます。

ある日「全力でプレーしろ！」と言い続けていたときに、突然、彼がわたしの目をまっすぐに見据えながら「全力の意味はなんですか？」と尋ねてきました。

考えもしなかった質問に思わず「全力の意味なんてねえよ！　全力は全力だ！」と怒鳴って終わらせてしまったことをおぼえています。

「今日の指導はよかっただろうか？」
「あの伝え方で理解できただろうか？」

## 寝る前１分の壁立ちで一生歩ける！

山本江示子／著、山本慎吾／監修

なぜ壁に沿って立つだけで健康になるのか？ 自己治癒力を最大限に高める力学的アプローチ方法、不思議なメカニズムを医学的にやさしく解説します。

◆対象：体の衰えに悩んでいる人、姿勢を改善したい人

ISBN978-4-86643-038-6　B6 変形判・並製本・280 頁　本体 1,350 円＋税

---

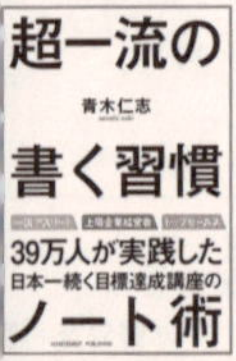


## 超一流の書く習慣

青木仁志／著

日本一続く目標達成講座の
科学的に実証されたノート術

◆対象：仕事・人間関係・時間・お金の使い方を変えたい人、行動を変えたい人

ISBN978-4-86643-042-3　四六判・並製本・320 頁　本体 1,400 円＋税

---

## 弱さに一瞬で打ち勝つ無敵の言葉
## 超訳ベンジャミン・フランクリン文庫版

青木仁志／編著

世界最古の名言集 待望の文庫化！ ベンジャミン・フランクリンが 200 年前に遺し、アメリカ国民に読み継がれている、明快で深い洞察に富んだ 123 の教訓。

◆対象：成功者の思想を知りたい人、フランクリンの教えを学びたい人

ISBN978-4-86643-045-4　文庫版・並製本・308 頁　本体 650 円＋税

---

## 勝間式超コントロール思考

勝間和代／著

経済と効率化のスペシャリストが提唱する、人生を最適化する究極の思考法。超コントロール思考を適用すれば「仕事時間が１日４時間になる」「一生お金に困らなくなる」「人間関係の悩みから自由になる」！ 爽快な生き方をスタートするための一冊。

◆対象：生活・仕事をもっと効率化したい人

ISBN978-4-86643-043-0　四六判・並製本・280 頁　本体 1,200 円＋税

---

## 人生 100 年時代の稼ぎ方

勝間和代、久保明彦、和田裕美／著

人生 100 年時代の中で、力強く稼ぎ続けるために必要な知識と概念、思考について、３人の稼ぐプロフェッショナルが語る一冊。お金と仕事の不安から無縁になる、時代に負けずに稼ぎ続けるための人生戦略がわかります。

◆対象：仕事・お金・老後に不安がある人、よりよい働き方を模索する人

ISBN978-4-86643-050-8　四六判・並製本・204 頁　本体 1,350 円＋税

---

## グラッサー博士の選択理論　全米ベストセラー！

～幸せな人間関係を築くために～

ウイリアム・グラッサー／著
柿谷正期／訳

「すべての感情と行動は自らが選び取っている！」
人間関係のメカニズムを解明し、上質な人生を築くためのナビゲーター。

◆対象：良質な人間関係を構築し、人生を前向きに生きていきたい人

ISBN978-4-902222-03-6　四六判・上製本・578 頁　本体 3,800 円＋税

指導に正解はないわけですから、こちらも毎日葛藤します。その日も練習後、自宅で1人「全力で走るとはただ身体を思いきり使うことだけではないな。『何が全力か』を説明できるようにならないといけないな」と反省しました。

指導者は自分でもよくわかっていないことを、もっともらしく伝えていることが往々にしてあります。何が全力か、全力で走ることで何が起こるのか。指導者が発信する内容を突き詰めて、自分なりの答えをもっているから「全力で走るというプレーが必要なんだ」と、強い気持ちをもって選手に伝えられます。

「何がなんでもセーフにしてやろう」「ちょっとした相手のミスにつけ込んで大きく流れを変えてやろう」という思いが込もっていなければ、ただ全速力で走っても全力のプレーにはならない。つねに気持ちの乗ったフルパワーのプレーをするためには、試合前からあらゆる準備をしておかなければならない。身体だけではなく、頭、心、準備すべてを含めて全力と言うのだ。

いまでは、こうした説明できるようになりました。

2軍監督時代、周りのコーチから「白井さん、いつか賢介に刺されますよ」と言われるくらい、わたしと賢介の関係は冷えきっていました。グラウンドに出てくる彼の表情を見て「おれと顔を合わせたくないんだろうな」と感じつつも、遠くで練習している場所に自ら近づいて行って、繰り返し同じことを毎日伝えるのです。

「白井さん、なんでそこまでやるんですか?」

ある日、見かねたコーチから言われたことがあります。

「彼は必ずできる人間なんだ。でも今のままだとその他大勢の普通の選手になってしまう。彼は球界を代表する、ファイターズを牽引するプレイヤーになるんだ。今関わらないでいつ関わるんだ」

こう返したことをおぼえています。理屈では説明がつかないことです。ただ、田中賢介というすばらしい才能との出会いによって、指導者としての確信めいたものが、わたしの中に生まれていました。

賢介は入団してから3年間1軍に定着できず、出場しても思うような結果を出せない日々が続いていました。２００４年にようやく1軍で3割台の成績を残すものの、6月に死球を受けて右すねを骨折。不遇の時期を過ごします。そこで「試合に出たい！」「戦力になりたい！」という強い想いが芽生えたのでしょう。

「このチームに求められているものは、意識してできることを全力ですることだ。最後まであきらめずにプレーすれば評価される」

どこかでこう自覚したのでしょう。２００５年から彼の練習姿勢は１８０度変わりました。まさしく別人になったかのような劇的変化でした。

そこで打撃理論の再構築が始まりました。さらに課題であった守備の強化にも取り組み、送球難が改善。２００６年から開幕1軍入りして、その年にゴールデングラブ賞とベストナインを受賞しました。その後、ゴールデングラブ賞5回、ベストナイン6回という球界を代表する選手に成長した姿は皆さんご存じのとおりです。

道中を見れば、今のわたしと賢介の関係は誰も想像できなかったでしょう。しかし、彼のように大きく変わった選手はたくさんいます。なかには変わることなく現役を引退してしまい、「今になって白井さんの言っている意味がよくわかりました」と言ってくれる選手も、他球団にトレードで行ってから気づいたという選手もいます。

こうした経験は指導者にとっての財産です。もちろん、はじめて2軍監督になったとき「信念をもって、指導者としてやるべきことをやってやろう」という強い気持ちをもっていました。

しかし、「やはり言い続けることが大切なのだ」「指導者は選手が何かの結果を出したとき、ゴールを迎えたときに評価される存在なのだ」という確信は、指導経験を重ねるなかで選手に気づかせてもらったものです。

第3章

# スター選手軍団でなくても勝てる理由

# 一生懸命努力するだけでは成長しない

「全力でプレーしろ！」

指導者がいくら努力の大切さを訴えても「コーチの言うとおりがんばっているけど結果が出ません。自分には才能がなかったんです。これ以上がんばっても無駄です」。このように途中であきらめてしまう選手がいます。

ほんとうにそうでしょうか？　がんばっても結果が出ないのはがんばっていないからですか？　努力しても結果が出ないのは努力することが悪いからですか？

努力することは尊いし、成功に必要不可欠です。でも、それ以上に大切なのはがんばり方、努力の方向性です。やみくもに全力プレーを選手たちに求めても、方向性が間違っていたら実力はつきません。

プロ野球には80年の歴史があります。科学的なトレーニング、あらゆる効果的な練習方法が研究し尽くされています。12球団のキャンプへ行けば、ほとんど同じ練習メニューを目にするはずです。練習方法が同じであれば、結果を変えるものはなんでしょうか？　練習に取り組む意識の違いです。これは精神論ではありません。

たとえば最下位争いをしているチームなら、強化の内容を考えるよりも先に「われわれは何をめざすのか」を明らかにしなければなりません。適切なゴールを定めるから、正しい方向性が見えてきて、方法が決まります。

2軍監督時代は、日本一をめざすというゴールを最初に掲げました。そして、そのためには日本一にふさわしい練習、指導が自分たちの努力すべき方向であるとコーチ陣に示しました。

「これまで〝怒る、教える、強制する〟という努力の方向性で選手を追い詰めてきた、それがいまの結果だ。いままで以上にその方法を強化して日本一になれるだろうか？現役時代、われわれも嫌だっただろう？　なぜ自分たちが指導者になった途端に同じことをしているんだ。われわれに必要なのは指導者らしさではなく、ほんとうに日本一になるためにふさわしい指導じゃないだろうか?」
チームが変わるためにはまず指導者が変わらなければダメだと思い、コーチ陣に努力する方向性に対してのメッセージをつねに発信しました。

行く先を示したら、次に「実現したらどんなにすばらしいか」がイメージできるような伝え方をします。
「選手のよいところを認めて、選手自らやる気になるような指導をすれば、厳しいプロの世界で生半可なやり方だと批判が出るかもしれない。でも、もしこの新しい方法で日本一になったとしてみろ。『やっぱりファイターズの育成は違う』って評価してくれる人が出てくるぞ。トッププロであるわれわれが変われば、アマチュアの指導法も変わる。指示・命令の教え方で野球嫌いになっている子どもたちを救うことになるかもしれない。われわれはこれから球界の指導法としてスタンダードになるかもしれないことを成し遂げようとしているんだ」

めざすということは、現時点での評価は関係ないわけです。大事なのは何をめざすのかをはっきりと示し、もしかしたらできるかもしれないと思わせることです。すると、「挑戦してみよう」「実現してみたい」という気持ちが生まれてきます。

ゴールと方向性が明らかになった段階でようやく練習の努力が求められるのです。

トレーニングでは質・量・強度をつねに意識させます。よく3つは横並びにされて、すべて高ければよい練習だと誤解されています。ファイターズでは「質はつねに高く、量や強度は低くてもいい」と伝えています。

たとえば、瞬発力を高めるトレーニング（ジャンプする、ダッシュするなど）は強度が高いトレーニングのため、故障の可能性も高くなります。量は減らさなければなりません。

反対に打撃フォームを修正するなら、強度を下げて量は増やさなければいけません。フルスイングすると悪い癖が出ます。フォームも頭でイメージしにくいので、40パーセント〜50パーセントほどの強度に落とします。動きを身体に染み込ませるには反復練習が大切です。圧倒的な量をおこないます。

低い強度で量を増やすから、フォームを直すという練習の質が高くなります。

このように、目的に対して質の高い練習をするためには、量と強度のバランスを取る必要があります。両者が怪我をしない絶妙なラインで成り立っている練習を質が高いと言います。質の高い練習を最後まで選手一人ひとりが明確な目的意識をもって、労力をかけていけば実力がつきます。

「他球団と練習メニューに大差はないから、とにかく量をこなすのだ」というような高負荷のトレーニングではなく、選手の個性や能力を見極めて、日本一のチームになっていたとき、それぞれがどのような成長をしているかがイメージできて、そのために必要なトレーニングをするのが正しい努力であり、その提案力が指導者の実力だと言えます。

## コーチは料理人と同じ!?

チームの最終意思決定権は監督にあります。監督がより正しい決定ができるように意見、進言、具申するのがコーチの仕事です。

決めるのは監督ですから、自分が考えに考えた最適な答えと真逆の判断をされたとしても、コーチはそこに100パーセントのエネルギーを注ぐのです。

結果が伴わなかったとしても監督を責めるのではなく、伝え方を工夫して、また次の場面で自分なりの最適解を伝える。「意見する→決定される→実行する」ことだけに焦点を当てます。自分の意見が採用されるかどうかは問題にしません。

仮に自分の考えとは違う決定が下されたことを不服に思って50パーセントしか力を注がなかったらどうなるでしょう? 監督に「チームのエネルギーレベルを落としてはいけない」という思いが生まれてしまいます。

「あいつは自分の意見が通らないとパワーを発揮しない」と思われているコーチと、「どんなときでもおれの決めたことに100パーセント尽くしてくれる」と思われているコーチ。どちらの進言を監督は取り入れやすいでしょうか?

「自分の考えとは違う判断をしても、その指示をやりきってくれるな」という監督の信頼感があるからこそコーチの意見も取り入れられます。ですから、監督の最終意思決定についてコーチのノーはありえません。

これは選手に対しても同じです。選手にとってコーチのアドバイスとは結果を出すために必要なものです。

伸び悩んでいる選手が、ほかのコーチからアドバイスを受けて、そのとおりに実践して成績が上がったら喜ぶべきことなのに、指導する側はどうしても自分の教えたとおりに選手が練習するかどうかにこだわってしまいます。

「どうやってうまくいかせたのか教えてくれないか？」と、ほかのコーチに教えを乞えば、自分にないものを取り入れることができます。

しかし、大半の指導者が「いろいろなことを教えると迷うからダメだ」と言います。もしコーチが間違ったことを教え続けていたら、教わる選手は悲惨なことになります。

もちろん、正しいという信念をもって指導はします。でも、もし間違っていたら？もしその選手には合っていなかったら？　選手が結果を出すことが何より優先すべきことで、たくさん選択肢を与えて、選手が選べる環境を整えるのが指導者の仕事です。

常日頃からわたしは「コーチは料理人だ」と言っています。たとえば、選手が化学調味料たっぷりの加工食品を好んで毎日食べているとします。そこでコーチは選手のために、見た目は少々悪いけれど、化学調味料を一切使っていない料理をつくって「こっちのほうが栄養が豊富で味もおいしいよ」と、テーブルに出したとします。

どの料理を食べるかは選手が決めるものです。もし箸がつけられなかったとしても「なんで身体に悪いものをわざわざ選ぶのだ。せっかくつくってやったのに、自分勝手な！」と不満になるのは料簡違いです。

選手をコントロールしようと思えば簡単です。

「試合に出さないぞ」

「罰金にするぞ」

制裁を用意して命じればいいだけです。しかし、それは選手が食べるかどうかだけにフォーカスした結果。「なぜこの練習が必要なのか」というトレーニング目的をしっかり伝えて、選手がよい選択をできるようになったわけではありません。

もちろん「長く現役でプレーしていたいのか?」「毎日の食事に何を求めているのか?」「どういう食事をしていけばいいのか?」という問いは投げかけます。

ただ、口まで持って行って「はい」と差し出すのは料理を出す側の仕事ではありません。「決めるための要素をこちらが提供しますよ。どうぞ決めてください」という心で選手に接します。もし、指導内容を実践しない選手がいたとしても、嫌いになったり、指導を放棄するようなことはありません。

コーチには技術を磨きつつ、なぜそれをするのかという価値を問い続け「こういう料理をつくってみました」と提供することしかできないのです。

指導者全員が選手によくなってもらいたいと思い、自分なりに最高の提案をしているのは事実です。指導する人たちのアドバイスは全員が正しい。

ただ、選ぶ権利は選手にあります。そして選んだからには責任を選手が負わなければならない。結果責任を取って、何が良かったのか悪かったのかを勉強していかないかぎり、選手たちもよくなりません。

この前提で選手に採用してもらうための指導力を高めるのです。「おれがこの選手を育てた」というのは指導者のゴールにはなりません。指導した内容を採用するかどうかは選手が決めるものです。

## 間違ったプロらしさ

どの指導を取り入れるか、選択する権利は選手側にあります。しかし、コーチは選手に対して誰にでもできることをサボらせたり、ラクをさせたり、逃げ道をつくってしまうようなことだけは避けなければいけません。

「またその話ですか？　そんなことはわかっていますよ」

こう言われても「いや、おまえはできていないからおれは言い続けるよ」と熱く伝えられるかどうかが大事です。なぜなら、当たり前のことを徹底するのが、選手にとっていちばん大切なことだからです。誰にでもできることを疎かにしていて、次につながるものがあるでしょうか？

全力プレーで真っ先に浮かんだのは、1塁への全力疾走でした。なぜならプロ野球にいちばん欠けているプレーだからです。甲子園球児は、どんな凡打でも泥だらけになりながら、1塁ベースを目がけてヘッドスライディングします。

ところが、プロになった途端に「あぁ～」と、あきらめて上を向いて走らなくなってしまう。それがプロ野球選手らしいと勘違いされています。

アマチュアの選手はお金をもらっていません。技術も未熟な選手はたくさんいます。でも、最後まであきらめずにプレーする姿が見ている人たちの胸を打つ。美しいと評されます。

一方、プロはあらゆる面で最高の要素をもっています。高い技術を見せるのは当然で、なお持てるものをすべて出しきるから真のプロフェッショナルとして認められます。ファンは選手が打ち損ねて、あきらめながらだらだら走る姿を見るために、お金を払っているわけではありません。

プロとして勝っても負けてもファンの皆さんに持ち帰ってもらわなければならないものがあります。それが感動です。そのためには愚直にプレーするしかないし、よい結果にもつながりやすくなります。凡打でもセーフになる可能性はゼロではありません。仮にアウトになっても、プレーでチームメイトを鼓舞することはできます。

「今日は試合に敗れたけれど、おまえがあの場面で全力疾走すれば1塁への暴投が起こって流れが大きく変わったかもしれない。そのチャンスをみすみす潰したんだぞ。チームメイトに対して責任を取れるのか？」

「取れません」

「みんなどういう思いでプレーしていると思っている？　チームメイトの後ろに家族がいるんだぞ。その家族に対して責任を取れるのか？」

「取れません」

「責任を取れないことをするのはチームの一員でないと自ら言っているようなものだ。ほんとうに同じユニフォームを着て野球をする資格があるのか？　責任を取れないようなことをするな。みんな組織の一員なんだ。このチームでやりたいのか？」

「やりたいです」

「このチームでプレーするためには何が必要なんだ？」

「ファーストに走ることです」

「では、どうするんだ？」


きわめて簡単です。わかりきっていることを回りくどく伝えてもダメです。「はい」しか答えはない。怒鳴る必要はなく、厳しく「なぜなのか」を説明してあげる。「走れー、走らんとクビだー！」と大きな声を出すより、よほど選手に伝わります。

2016年シーズンを振り返れば、接戦を制してきたから日本一になれました。ファイターズは走塁のチームと呼ばれます。あらゆるところで全力疾走するから、相手のミスを誘発し、逆転勝利する勝負強さが数字に表れています。

## ただ発信するだけでは効果がない

２００１年、２軍監督時代は「いずれこの選手たち、コーチたちと一緒に１軍へ上がり、日本一になる！」というイメージを強くもって取り組んでいましたし、実際に目標として共有していました。

「あいつらアホじゃないか、こんな点差で最後まで走って」

相手チームからはこう思われるかもしれないけれど、ファンからは称賛される。

「このチームはすごい。どんなときでも全力プレーで試合を見るたびに泣けてくる」

そう言われるようなチームになるために、全員で思いを共有して、同じ方向を向いて高みをめざしていこうと思っていました。

２００３年にヒルマン監督がやってきて「１軍のコーチを務めてほしい」という依頼を受けました。ヒルマン監督とはヤンキース留学時代からのよしみです。

2軍の育成に手応えを感じていたわたしはありがたいお話に恐縮しながら、「2年かけてようやくチームが軌道に乗ってきました。2軍監督としてあなたを支えることができるはずです」と率直に伝えました。

すると、「白井がコーチをしてくれないのなら、ファイターズの監督を引き受けることはできない」と、ひと悶着あったのです。

そこで当時の統括本部長とある約束を交わしました。

「自分は1軍の監督をめざしてきました。チームの成績が悪ければ自分に監督のチャンスが回ってくるかもしれないという考えがよぎるかもしれません。そんな気持ちではヒルマン監督のナンバー2として不適任です。一蓮托生、ヒルマン監督がやめるときにはわたしもチームを去ります。その条件ならヘッドコーチを受け入れます」

ヘッドコーチとしての役割を100パーセント全うするためには、将来自分がどうなりたいのかは一度捨てて、ヒルマン監督の右腕をやりきると、覚悟を決める必要があると思いました。

ヒルマン監督の退任後、球団からはファームディレクターというチームづくりに携わるオファーをいただきました。しかし、当初の約束どおり、２００７年のシーズン終了後にチームを離れたのです。

それから3年間、野球解説者などプロ野球を外から見る立場になり、２０１１年に横浜ベイスターズの2軍監督になる道を選びます。

他球団からもオファーはいただいていました。しかし、当時のベイスターズは3年連続リーグ最下位と深刻な低迷をしていて、不振のチームを2軍から改革していく仕事は、ファイターズと似た状況であり、やりがいを感じました。現役時代にプレーした経験がない、ブレーンもいない、誰も知らない状況に飛び込みました。

じつはベイスターズでも、２００１年のファイターズ再建とまったく同じ方法を実施しました。はじめに取り組んだのは、コーチ陣の意識改革とチームワークの醸成です。当時、ファイターズで指導していた内容は球界でも認知されていたので初回のミーティングでは「おまえの言うことなんて聞かないぞ」という空気が、コーチ陣からひしひしと伝わってきました。

あの人は夢ばかり言っていて、そんなの無理だと言う人はたくさんいます。それでも発信するべきことを発信し続けて「このチームはほんとうに強くなるかもしれない」と思わせることが大事です。

「もしかしたら？」から「現実になるかもしれない」と思い始める。加えて「この方法ならいける！」とつながっていかなければ、人はついてきません。

これは選手の指導でも同じです。〝ここ〟ではなく〝そこ〟へ行くために何が必要なのか、そのために今何をすべきかを示せるのがコーチです。それも一方的な発信ではなく、選手の考え方や感触をつかみながら伝えます。

指導者の中に理想のプレーイメージがあっても選手は理解できません。「ちょっとこうやってみようか」と提案して、打ったときや守ったときの感覚を「今、どんな感じだったか？」と確認する。そして「次はどうしてみたらいい？」と質問する。

最初の発信は指導者であっても、２回目からは選手たちが試行錯誤する取り組みです。こうして選手は上達していきます。

そのときに有効なのが、前述したオープン・クエスチョンです。イエスノーで答えられる問いかけでは、選手が自ら考えて工夫する余地を奪ってしまいます。

勝つというのは結果にすぎません。首位のチームも最下位のチームも、勝つためには、今できることを積み上げるしかない。だからこそ「今意識してできることを全力でおこなう」のです。

こうした考えが浸透すれば勝てるチームになれます。実力がつき、チームワークが生まれ、運もついてきます。

あらゆる場面で意識してできることを全力でするためには、万全のコンディションでグラウンドに来なければなりません。つまり私生活も含めて、準備を怠れない。このようなことを一つひとつ伝えていきました。

最終的にはベイスターズでも、選手たちから「なぜ今年の監督、コーチ陣はこんなに仲がいいんですか?」と言われる状態になりました。仲をよくしようとしたわけではなく、志を共にして同じ方向にエネルギーを注いでいるので、結果として同志愛が生まれるのです。

チームが強くなるために、選手がうまくなるためにエネルギーを注ぐという方向性ができているので、一緒にいる時間が長くなるし、食事もミーティングのひとつになります。月に1回～2回は必ずコーチ陣全員で食事をしながら、育成について議論していました。いつも行動を共にしていたら話は尽きないのです。ゴールが共有されると、結果として一体感が生まれます。

ベイスターズには2年契約で入団したものの、はじめから長期的にチームを強くしてもらいたいと依頼されていました。

しかし、入団1年目の２０１１年に球団オーナーがＴＢＳホールディングスからディー・エヌ・エー（DeNA）に代わり、球団の方向性が変わったため、契約満了と共に退団を決意しました。

最初の方針のまま2軍監督としてもう少しベイスターズの再建に関わりたかったというのが本音です。今チームの顔として活躍している筒香嘉智や梶谷隆幸も、当時はまだ2軍選手でした。

しかし、わたしが球団に在籍していた2年間で結果を残せなかったので、球団の方針が変わることもやむを得ないと納得しています。

その後、2014年にファイターズの内野守備走塁コーチとして招聘されました。栗山監督は前述したとおりファイターズの再建を長年取材していた人です。わたしは改革する立場。周りからは「白井さん、いつ監督をやるんですか?」「白井さんの監督姿が見たいです」という声もいただきました。ある会社の社長さんは「監督をやらないのであれば、うちに入社してもらいたい」とさえ言ってくださいました。

たしかに1軍監督は積年の夢ではあります。栗山監督の右腕としてオファーを受けたときに「おれのほうがファイターズの監督にふさわしいのに、なんでやらせてくれないんだ」という見方をしても全然おかしくないと思います。

また監督をやらせてくれないのならほかの球団へ行くという判断もできます。そこでチャンスがなかったら、また別の球団へ渡り歩いて行く。転職という生き方です。

たしかに仕事は自分で選ぶものです。しかし、すべての条件が揃う職場というのは、ほんとうにあるのでしょうか?

個々人の夢や目標はあるかもしれません。でも、与えられた環境で精一杯できることを全力でおこなう。これがずっと選手に指導してきたことでした。

胸に一物ありながら当たり障りなく仕事をするのか、監督にはなれないけれど大好きな野球で、大好きなチームや選手の成長に関われる喜びを噛み締めながら働くのか。今もっている能力を毎日全力で出しきれば、1日を終えたときにどれほどの達成感があるでしょう。成長した選手から感謝される喜び、やりがいを感じながら仕事をするのか、不平不満を言いながら1日の最後に「また明日も仕事か」と思う日々を過ごすのか、選ぶのは自分です。

チャンスが巡ってくるかどうかはわかりません。仕事は選べなくても与えられた環境でどうするかは選べます。達成感や充実感を得るために、目の前のことにひたむきに取り組むことで、次につながるものができる。私自身が実践していなければ、選手には伝わりません。

## 選手が学びたい指導者とは？

よく「どういう指導者になればいいのですか？」という質問を受けます。答えは「自分が選手だったらどういう指導者から学びたいか」を考えれば見えてきます。

選手は間違いなく実績を残している人から学びたいのです。しかし、それ以上に学びたい人がいます。実績を残して、なおかつ学び続けている人です。

そう思って2軍監督時代にはオフにコーチ陣を集めて勉強会を開いていました。パソコン講師からメンタルトレーナー、コンサルタントまで。個人的なつてを辿って依頼し、全員で身銭を切りながら学びました。1時間、2時間の講義ではなく、3日間で24時間という本気で学ぶ場です。

2008年に一時ファイターズを離れたときは、指導者としての学びを深めるために、カンザスシティーロイヤルズへふたたびコーチ留学に行きました。

いまでも年間100冊の本を読み、オフにはコーチングなどの研修に足を運んだり、名リーダーと呼ばれる経営者の講演会などに足しげく通っています。

ヤンキースのコーチ留学時代に、ファイターズをどう強くしていくのか日報にすることで、考えがより鮮明に整理できました。自分にとってもその後の活動にとてもプラスになりました。

言葉にすることも難しいけれども、的確に文章にすることはもっと難しい。文書で伝える力は指導者にとって大きなスキルになります。

「監督が変わるとクビになるコーチはたくさんいる。ほんとうに能力のあるコーチは首脳陣が変わってもチームに必要とされるんじゃないだろうか？　選手が努力して能力を高めているのと同じように、われわれは指導者として自らの能力を上げていかなければならない」

ファイターズの2軍監督時代にはコーチ陣を集めて、こう伝えました。1人10万円ずつ出し合って、選手の情報を共有するためのパソコンを購入し、日報を始めました。

コーチが成長しなければ選手の成長はありません。選手に関わる人たちに対して、ほんとうに成長してほしい、どこに行っても必要とされる人材になってほしいと思っていました。長いあいだ低迷しているファイターズが日本一になるために、同じ方向を向いてがっちりスクラムを組んで、意見の相違があっても考えを出し合って、決めたことは足並みを揃えて実行する集団を、まず指導者たちからつくっていくことが、監督としての役割だと思っていました。

そうしたやり方は当時、野球界の常識からかけ離れたもので、風当たりも強いものでした。

「われわれは野球版プロジェクトXだ。批判が大きければ大きいほど大きな改革ができるんだ」

実際にプロジェクトXのテーマ曲を流しながらミーティングをしていました。

当時のメンバーはファイターズのフロントに残っている人間もたくさんいますし、大学に入り直して就職した企業で一部上場を経験し、役員をめざしている人間も、高校の野球部で監督として活躍している人間もいます。

# 第4章

# 日本一の選手育成法

## コーチは24時間付きっきりで指導できるわけではない

球界ではファイターズのチーム練習は短いと言われています。チームとして取り組むべき最低限の練習は必要です。しかし、年齢も素質も考え方もバラバラの選手たちには、それぞれ最適な練習の量、強度があります。支配下選手最大70名（うち1軍最大28人）全員が効果的なトレーニングを積んでいくためには、人数分のアプローチが必要です。

選手には日ごとに練習のテーマと目標を提出してもらいます。目標設定のコツは手の届く目標を立てることです。できそうな目標以外は達成できません。

そして練習を終えると、課題が解消できたのか選手からの報告に対してコーチがコメントをします。この繰り返しで、段階を追った能力アップにつながる努力ができるようにします。

今抱えている課題は何か、それを解決するためにはどんな練習をすればいいのか。選手の課題は明確でも練習方法がふさわしいものではないときもあります。

効果のない練習や故障につながりそうな目標を書いてくる選手には、練習前に「この練習をしてほんとうに成果が出るのだろうか？　もう一度考えてみよう」と尋ねて書き直してもらいます。

たとえば、パワーヒッターではない選手が「もっとホームランの数を増やしたい」と、筋力アップを目標に掲げるケースがあります。

このときには、30本打てる選手をめざすことがほんとうにその選手にとってよいかどうかを考えます。バットを力いっぱい振るようになってホームラン数が増えたとしても、大振りで打率は大幅に下がるかもしれません。

それよりも3割バッターをめざしてミート力を上げれば、ホームランを10本打てるようになるかもしれないのです。３割でホームラン10本打つバッターと、２割で30本打つバッター、どちらのほうが現実的に戦力になるのかを説明します。

活躍できていない選手は技術なのか、マインドなのか、チームプレーなのか。何かが欠けていてレギュラーになれていないわけです。チームにとっての高い価値を提供するためには何が必要かを分析して、「いちばん優先順位の高いものは何か」「できることは何か」を考えて、積み上げていく意識があるかが大切で、そのために練習のテーマと目標を毎回提出してもらいます。

現時点でのチーム内の戦力バランスや選手同士の比較はしません。しかし、現実はしっかり伝えます。たとえば1塁3塁はホームランバッターの外国人選手が補強される確率が高いわけです。それよりもヒット数を増やして走塁技術を磨きながら、二遊間を守れるようになったほうが特徴を出せるのではないかと、提案しながら選手と一緒に方向性を固めていきます。

何から何まで足りないという選手にも必ず適材適所があります。「最終的にどうなっていたいのか」が見つからないかぎり伸びません。こちらの型にはめるのではなく、選手の適性を見極め、活躍できる方向へ導くのが指導者の仕事です。

たとえば糸井嘉男は近畿大学のエースとして活躍し、入団時にはピッチャーとしての将来を嘱望《しょくぼう》されていました。しかし、2年間思うような結果を出せず、2006年から身体能力を買われて野手にコンバートされました。

本人がピッチャーをやりたいと思っている段階で無理に野手転向させてもうまくいかないわけです。ピッチャーとして苦しんでいるときに、その選手がもっている別の可能性に目を向けて的確なポジションを最適なタイミングで提案したからうまくはまりました。

コーチは24時間選手に付きっきりで指導できるわけではありません。方向性を示しながら、最終的に決めるのは選手です。コーチの役割は、選手が決めるための材料を増やすだけ。これは、材料だけを並べてあとは好き勝手に放置をするという意味ではありません。今すぐ提案された方針で練習をしたくて仕方がない。こんな気持ちに選手をもっていくための関わりはずっとしていきます。つねに関わり、関わり、関わりのなかで、最後の決断は本人に任せます。

もっとも、最終的にチームの勝利に貢献するというマインドが育たないかぎり試合には出られないので、チームプレーの刷り込みは徹底的にします。

チームのために全力を尽くす大切さはいくら教えたところで、長所や技術が伸び悩む心配はないわけですから。

選手の適性を見極めてふさわしい練習を提案する。ここまではどの球団も取り組んでいます。では、日本一の選手育成法は何が違うのでしょうか？

日本一になるチームとそれ以外のチームとの差とは、量と強度のバランスが取れた質の高い練習を〝どれだけ目的意識をもって、強い覚悟をもって実行するかどうか〟の差だと思っています。

求めるスキルが明確で適切な練習をしているのに、練習姿勢を見ると「どうもなんのために練習しているのかが伝わってこない」場合があります。

練習の目的があいまいかズレているのです。どれだけ戦力を整えようが、日本一をめざさないかぎり、日本一になるためにふさわしい取り組みは生まれてきません。日本一になるためにふさわしい練習の仕方なのか、Ａクラス入りを目的にした練習の仕方なのか。エベレストを登ろうと思ったら、装備も人材の確保もすべてが変わるように、日本一をめざせば自ずと練習前の準備から変わってきます。

2軍監督時代、なぜ日本一をめざしたかと言えば、めざすことでそれにふさわしい技術や体力やマインドがついてくるからです。ただ「技術を高めよう！」ではなく、「日本一になる！」と決めることが最初にやるべきことなのです。

日本一にふさわしい取り組みとは特別なことではありません。ただし、それは決めることで見えてきます。だから、めざすのです。

## 練習慣れを克服する日本シリーズ本番の練習

「日本シリーズに出たときに必ず『ファイターズは何十年も優勝から遠ざかっているチームなんだ。日本シリーズを経験している選手がいないから負ける』と言われるぞ。でもそうじゃないんだ。プレッシャーがかかって失敗した経験をもっている選手はそれがマイナスに働く。プレッシャーを乗り越えられるかどうかは経験ではなく、準備ができているかどうかなんだ」
わたしは常日頃から選手にこう伝えていました。

接戦になると両チームともプレッシャーがかかり、ミスが許されなくなります。そこでミスしないためには、普段から慎重に丁寧に練習すればいいのです。練習で軽率なプレーをしているのに、大事なところで急に丁寧になるからぎこちないプレーになります。

強化するために猛練習させるという指導は山ほどあります。練習させることが指導者の役割だと思っている人がたくさんいます。しかし、指導者が強いるほど選手はサボろうとします。逆効果なのです。

キャンプでは第1クール、第2クールとクール毎に練習の目的を配布します。わたしはよく平均台の上にいるように守備練習をしろと選手たちに伝えていました。

平均台の上を歩きましょうと言えば、プロ野球選手なら普通に歩けます。しかし、生きたワニが下で口を開けていたら慎重に腰を落として丁寧に歩くはずです。これがプレッシャーです。「落ちたら終わり。次の1本はないのだ」とよく選手に伝えていました。試合では大事な場面ほどプレッシャーがかかります。いかに緊張感のある練習ができるかを、とくにチーム練習では心がけていました。

選手にとっては、練習を強制させられるよりも、練習に参加できなくなるほうがつらいことです。

ミスをしたら練習ができなくなる。これをプレッシャーにしました。チーム練習に参加できなくなった選手は、翌日こそ「今日はミスしないぞ！」と念入りに準備をしてグラウンドにやって来ます。その緊張感は周りにも伝播し、球場全体の緊張感につながります。

２００６年、田中賢介は2塁手としてはじめて日本シリーズに出場しました。そのときの言葉が非常に印象的でした。

「白井さん、なんだかはじめての日本シリーズのように思いませんね」

練習がすべてとはこういうことなのです。

「そうだ、われわれはずっと日本シリーズを経験しているんだ。普段どおりにやればいいんだ」

一つひとつの練習に意義・意味をもたせて意識づけをしておけば、指導者は大事な場面でもこう伝えるだけですみます。


では、日本シリーズの準備になる練習とはどのようなものでしょうか？

試合が始まって最初に飛んでくる打球をエラーしてしまうと1日重い気持ちでプレーすることになります。野球選手はみんな経験していることです。1球目をうまくさばけるかどうかがもっとも重要でもっとも難しいプレーです。

そのためには、1球目に対する身体の準備、意識の準備を万全にしておくことが必要なのに、日々練習をしていると練習慣れになります。量をこなすほどプレーが雑になります。ノックの1球目を何十球、何百球を受ける身体ならしとしてさばくのか、1球目に対する練習は1日1回しかできないのだと思って取り組むのか、その差が試合本番での結果を大きく左右します。

わたしは選手たちにこう伝えていました。

「日本シリーズの決勝で優勝を決める最後のゴロがおまえのところにきたらどうやって捕球する？」

「これ以上ないくらい丁寧に両手で捕ります」

「そうだよな。その捕ったボールを1塁にどう投げるんだ？」

「運びに行くくらい慎重に投げます」

「われわれは日本一をめざしている。そのくらい丁寧に慎重に練習していくぞ」

これを毎日繰り返していました。そして、1球目のゴロをミスしたらその日の守備練習はさせないというルールをつくりました。

普通はエラーをした選手には何度も練習をさせます。ところがファイターズでは「もう1回お願いします」と選手がどれだけ求めてきても「いや、ダメだ」と許可しませんでした。

すると、ノックを受けられない選手は自分たちで練習を始めるしかありません。フェンスにボールを投げてゴロを捕ったり、バッティング練習をしている選手の打球を追いかけたり。ペナルティのようですが、自分で工夫している分、集中力が違います。二度とエラーしないように、一つひとつの動作を慎重に、高い意識で練習しているので、じつはノックを受ける以上に上達しています。

翌日は前日以上にプレッシャーです。もう絶対にミスできないという気持ちになります。それこそが試合本番の集中力なのです。形だけの練習はしません。ファイターズの選手全員の口癖になっています。


ピッチャーなら初球ストライクを取るのがいちばん難しいのです。ところが、キャッチボールをして、キャッチャーが腰を下ろした途端、肩慣らしのようにコーナーに散らす練習に入りがちです。

わたしは肩慣らしは立っているあいだにやってくれと伝えていました。そして、1球目は真ん中に腕を振って全力でストライクになるボールを投げる。それから段々コーナーに散らしていく練習方法に変えました。

何を投げようかと考えすぎずにリズムよくテンポよく。打てるものなら打ってみろという強い気持ちをもつ。

・テンポよく
・闘争心をもって

これがピッチングで意識してできることだと伝えています。打たれたらどうしようと思って投げるのか、打てるものなら打ってみろという強い気持ちをもって投げるのかによって結果は180度変わります。そのためには、やるべきことを明確にしておくことが必要です。

ピンチの場面でリリーフに行く。真ん中に投げれば打たれる可能性が高くなります。一方、ボール球を投げれば絶対に打たれないわけです。

ストライクは取るためではなく、あくまでも相手を抑える、自分を有利にするために必要なカウントです。最初にストライクを取ることで圧倒的なアドバンテージになります。ですから、ピッチングの先決はストライクを取ること。そのためには、いちばんストライクの入る確率が高いど真ん中に投げる。真ん中でも置きに行ったボールと、思いきり腕を振ったボールとでは結果が異なります。

2アウト満塁ツースリー。投げるところがない。どこへ投げるのか？　いちばんストライクになる確率が高いど真ん中です。決まっています。そこにいちばん自信のあるボールを腕を振って全力で投げます。何を投げようか迷わなくていい。これがやるべきことが明確な状態です。

・ストライクを先行する
・100パーセントの力で腕を振りきる

勝てるピッチャーは先の2つに加えて、これらがすべて含まれています。テンポよく、闘争心をもって、ストライクを先行しながら、腕を振った最高のボールを投げ続ける。これが勝てるピッチャーのピッチングで、そのためには、もっとも大事な1球目から自信のあるボールをど真ん中に腕を振って投げる練習が必要です。

こうした試合本番のプレッシャーを克服するための練習方法は、長年ファイターズに継承されています。

## 3年間変わらなかった選手を後押しするミーティング

プレッシャーに潰されていく選手と、背負うものが大きいほど自分の力に変えていける選手がいます。大事な場面で打てる選手はポジティブになっています。気合がみなぎっていて、ぞくぞくわくわくするような精神状態です。その違いは背負える準備ができているかどうかです。

つねにチームの勝利を考えている選手は、勝利というプレッシャーを背負ったときに力に変えることができます。「自分さえよければいいんだ」と思って普段から練習している選手が急にチームの勝利という重荷を背負えば潰れてしまいます。

背負える準備とは全力疾走をしているかどうか。いつも丁寧に練習しているかどうかという全力プレーに表れます。チームが勝利するために高い意識をプレーに出せる選手ほど、指導する側にとって頼もしい存在はいません。4番とかエースとかではなく、任せられる選手です。

ただ、任せられるかどうかの見極めは非常に難しいです。任せるに値しない人に任せて失敗したら任せた側の責任になるからです。指導者としての責任感が高ければ高いほど慎重になりますし、任せる選手を見極める目も厳しくなります。

田中賢介や飯山裕志は、何があっても彼らの発言・プレーは受け入れられる、いるだけで全員が安心する選手に育ちました。中島卓也もその領域にどんどん近づいてきています。

「全員が全力で走らなければ日本一になれないぞ」

2014年から何度も何度も伝えてきました。しかし、3年経っても中田翔は走らないという選択を何度かしていました。

ソフトバンクとの11・5ゲーム差を徐々に追い上げていった2016年。わたしは「日本一になるためにはやはりチームを引っ張るべき4番バッターである中田が走らなければダメだ」と思い、ミーティングの場でこう切り出しました。

「おれはこのチームに来て3年間、『意識してできることを全力でやろう』と言い続けてきた。むしろ、それしか言ってこなかった。エラーしようが何も言わなかった。みんな毎回全力で走ってくれて感謝している。ありがとう。

一方でみんなには嫌な思いをたくさんさせている。本来チームを引っ張るべき4番バッターが走っていないからだ。みんなやさしいから何も言わないけれど、心の中では『ちゃんと走れよ』とか『なんでおまえだけ走らないいんだ』と不愉快な思いをしているはずなんだ。

そんな思いをさせて申し訳ない。走らない中田が悪いんじゃない。ファーストまで走るなんて簡単なことを3年かけてもまだやらせることができていないおれの責任だ。おれは指導者として失格なんだ。このチームで仕事をする資格すらないわ」

ミーティングルームは静まり返っていました。誰一人として口を開きません。長い沈黙のあとで、こう続けました。

「中田、おまえがこれからも走らないというのなら、おれは責任を取って辞めるから。二言はない。おれをやめさせたければ走らなくていいし、周りの選手に不愉快な思いをさせたかったら走らなくていいし、優勝よりラクしたいんだったら走らなくていい。ほんとうに優勝したいか？　チームの一員になりたいか？　そう思ったらおまえがやるべきことはわかっているはずだ。走るかどうかはおまえが決めろ」

こうしてミーティングを終えました。わたしは中田が走らなかったらほんとうに辞める覚悟で話をしました。しかし、ここまで強い発信は、選手から脅しと受け止められかねない、指導者にとっては禁じ手です。

わたしの指導法はメンタルトレーニングがベースです。現役時代に白石豊先生と出会ったことも大きかったですし、駒澤大学の太田誠監督はまさに恩師です。ものすごく厳しい人で、その指導は理論的に考えればコーチングとは真逆でした。

ただ一度も憎いと思ったことはなく愛情しか感じませんでした。これは究極のコーチングだと思っています。

コーチングは手段の1つにすぎません。選手を指導の型にはめるのではなく、方法はたくさんあっていいと思っています。時にはティーチングも、カウンセリングだって必要になります。状況に応じて最適な手段を使い分けていくのです。

選手は変わる必要性を自覚しています。でも変われない。踏み出したくて仕方がない。けれど、きっかけがない。そういう選手は、何か言葉をかけるのではなく後ろからポンと押してあげる。

中田だって走らなければならないとわかっているのです。でも、簡単には変われないし、きっかけがない。だから、「気持ちを押すミーティング」を開いたわけです。それから何が起こったのか？　全力疾走するようになりました。そればかりではなく、時々忘れそうになると周りの選手が「走れ！」と叫ぶようになったのです。そして、中田は毎回全力で走ってくれました。

もちろん、これから生涯、中田が全力疾走するかは別物です。また違う関わりをしていかねばならない。でも、皆さんも経験があるはずです。悪いことをしているという自覚がありながら、やめられない。

他人はごまかせても自分自身はごまかせません。一歩踏み出したいけれど、いまさら周りから何を言われるか考えると踏み出せない。きっかけが誰だって欲しいときがあります。そんなとき、指導者は背中を押してあげるだけでいいと思っています。

「白井さんをやめさせるわけにいかないから、仕方がないから走るよ」

「ここまできてみんなを嫌な気持ちにさせたくないから走るよ」

言い訳でも照れ隠しでもなんでもかまわないのです。答えはイエスかノーしかないときには黙って押す。これはコーチングではありませんし、信頼関係がないとできないことです。しかし、押すしかないときには、よいタイミングで背中を押してやらなければならないのです。

## 伝える前に待たなければならないときもある

当たり前のことが徹底されていないと嫌だし、腹が立ちますし、「なんでだ!」という思いも人間だから当然感じます。だからこそ、できない選手に関われることは指導者冥利に尽きると思います。指導者としての能力が問われるわけで、できない選手に関わり続けることは、指導者として鍛えてもらっている、心中は「ありがとう」という世界です。もちろん口には出しませんが。

10回のうち1回しか全力疾走できない選手が2回、3回とできるようになったら回数が増えたことにフォーカスします。

よくあるのは「まだ2回しかできないのか。プロなんだから、毎回全力疾走するのが当たり前だろ」と、発破をかける指導法です。意識してできることですから、指導者から見たらできて当然だと思いがちです。

しかし、本来、足りない部分は「こちらの指導が行き届いていない」になるはずなのです。自分は教えている立場ですから。

1回でも多くできるようになっていれば成長です。それからどうしたら4回、5回になるのかを考えて、関わり続けるしかありません。

昔はイライラしながら必死に怒りを鎮めようとして、それでも感情的になっていました。

指導者が自分の気持ちをコントロールしないまま何かを発信してしまうと、人間関係を損なったり、問題ではない問題を生み出して結果的に後悔につながります。夜中に悶々と反省することもたくさんありました。自分の発言が批判されると不安になったり、批判する人に攻撃的な感情をもったりしていました。

２００８年に一度チームを離れたときに、野球以外のこともたくさん学びました。経営者、教育者、異種競技の指導者など、たくさんの人たちと出会って、講演活動もしながらどうやってファイターズが強くなったのかだけではなく、足りないものは何かもよく見えてきました。

選手の努力が足りない、理解力がないという感情が何度も出てきて、抑え込みながら発信している。心の底から選手本位で発信できていたかというと、そうではないこともたくさんあったことに気づきました。

選手には調子の波が必ずあります。プロの指導者から見れば、選手を観察していれば調子が落ちてくる様子がよくわかります。

だからこそ、崩れてきたら早めによくしようと指導者は熱心にアドバイスします。ところが、いくら的確な助言をしても選手に入っていきません。

本人も試行錯誤しているわけですから、調子が悪くなったときほど、自分でなんとかしようともがいているわけです。万策尽きて、どうにも解決策が見つからないときに、はじめて指導者の助言に耳を傾け始めます。

指導者は選手が聞く耳をもつまで黙って見ているわけではなく、然るべきときに何を発信するか考えて、選手を観察しながら備えておきます。「調子はどうだ？」「今どんな感じなんだ」「何かできることはあるか？」と、日常的に声をかけておく。「大丈夫です」といった反応があるうちは、相手に聞く準備ができていません。

あるときから「ちょっといいですか」「教えてください」と、選手の返事が変わります。そのときに準備をしていた言葉を指導者は伝えます。本人に足りないことを伝えるのですから、選手はよくなるしかありません。

受け入れる　↓　実行する　↓　結果が出る

このサイクルができたときに「あのコーチの助言は結果が出る」と、選手から信用されて「今、こういうことをしているのですが、どうでしょうか？」と相談してくれるようになります。調子が落ちる前に立て直し、成績は右肩上がりになっていきます。

通常、調子が落ちたときに選手は指導者の助言を求める

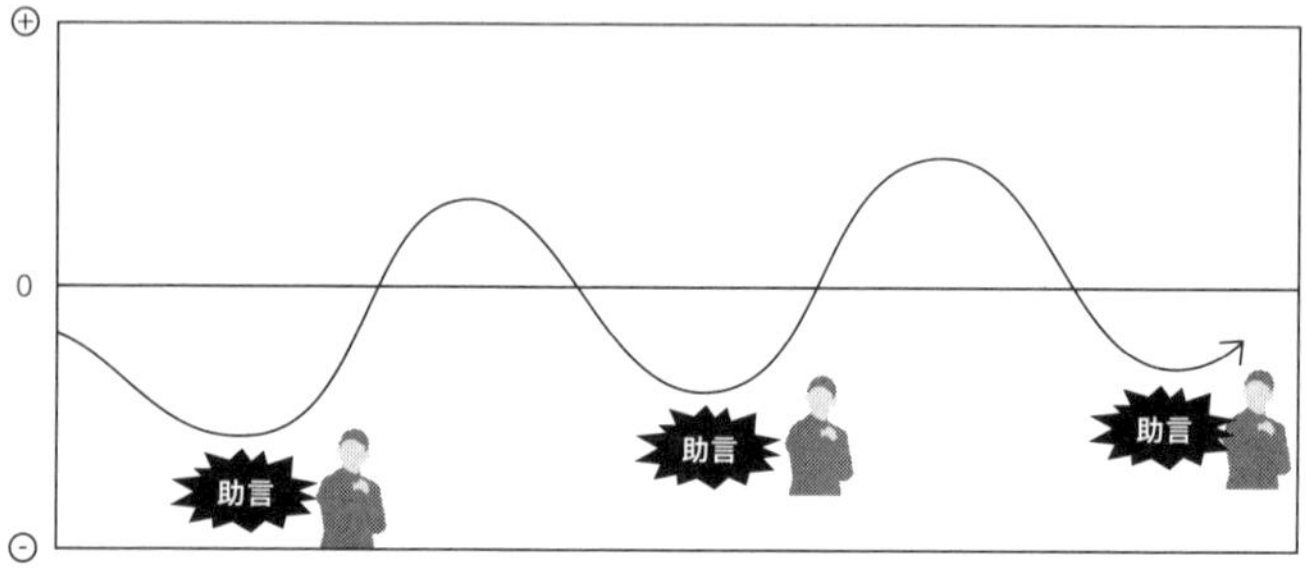


信頼関係ができると調子が落ちる前に助言して立て直せる

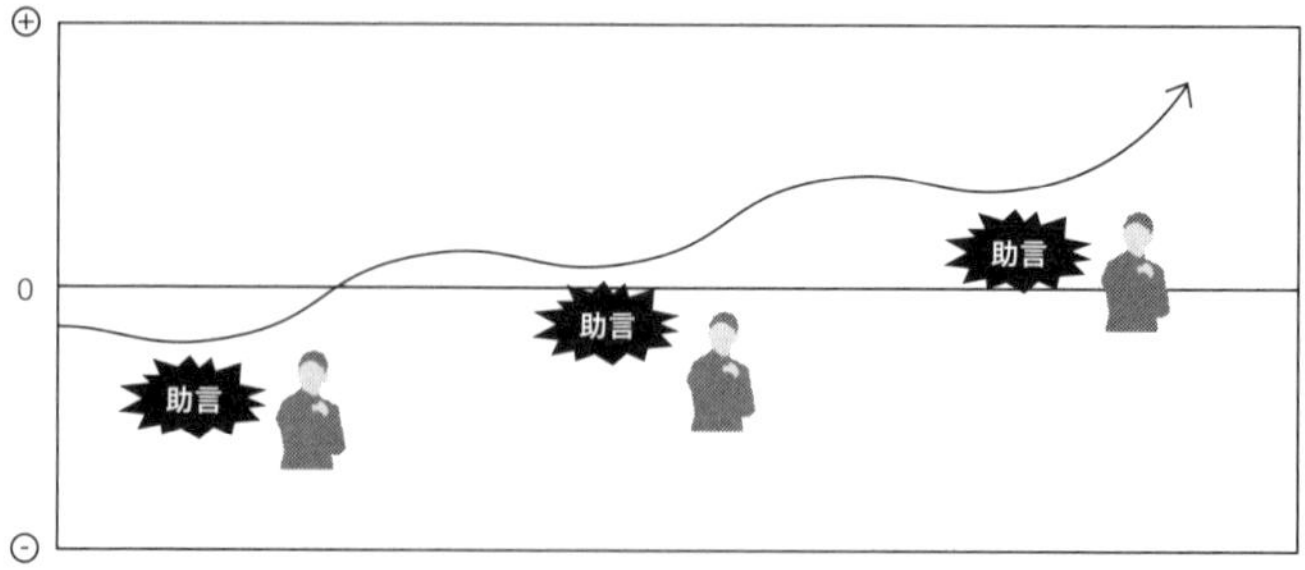

「何をやっていいのかわかりません。教えてもらえませんか？」

今シーズン序盤、西川遥輝は打撃不振に苦しみました。5月終了時点で、打率は2割4分。元々頑固な性格で、指導者のアドバイスを聞かないし、聞いても聞いたことで満足して実践していませんでした。ほんとうの意味で聞く準備ができていないわけです。

そんな西川が、ある日、わたしにＬＩＮＥのメッセージを送ってきました。

「もう、自分でも何をどうしたらいいのかわかりません……」

個別に相談するというのは、深刻に悩み抜いて聞く準備ができているサイン。わたしはすぐにこう返しました。

「何をするかは合宿所に帰ってじっくり話をしてから決めよう。必ずできるから、すごい選手になれるから、自分自身のことを大切にしよう」

「ここまでの実力しかないと思うと悔しいです。よろしくお願いします」

わたしはバッティングコーチではないので、直接指導はしません。しかし、3塁のコーチャーズボックスから見て、良い時と悪い時の違いはここにあるんじゃないかという伝え方をしています。「担当外だから教えられない」と言えば、選手に対して失礼に当たります。コーチにはそれぞれ役割があり、それ以上のことをしてはいけません。抽象的なアドバイスをして、打撃コーチや監督に「こう伝えておきました」と報告する。組織のなかではそれしかできません。

じつは西川は最初、田中賢介に相談したようでした。賢介が2軍にいたときに、わたしはツイスト打法というセオリーを完全に無視した打ち方を指導しました。球界でも教えられる人が限られている特殊な打撃理論です。

通常「ボールは上から叩きましょう」と教わります。しかし、ボールはピッチャーのリリースポイントからキャッチャーミットまで、高いところから低いところへ向かう軌道を描きます。向かってくるボールの軌道に対して、バットの軌道がピタリと重なればミートします。いちばん当たる確率が高いのは、下から上にバットを振るアッパースイングになります。

セオリーとは正反対の打撃理論です。2軍監督時代にコーチ陣と何度も議論を重ねて検証をした結果、もっとも理に適った打ち方だという結論を出しました。実際に王貞治さんやイチロー選手など、名打者と言われる選手たちは総じて縦振りをしていました。

2軍監督のときにはこの打法がチームに定着して、高橋信二、森本稀哲、3割打者がたくさん輩出しました。田中賢介はそのベースづくりを地道におこない、賢介に教わったのが中島卓也です。中島はほかの選手がツイスト打法の土台づくりにしている身体を開かずに打つ方法を頑なに試合でも使っています。

稲葉篤紀もヤクルトから移籍当初は成績が振るわず、縦振りをするようになりました。稲葉には直接指導していません。しかし、わたしはほかの選手に熱心に指導することで、間接的に稲葉を指導していました。

ある選手に伝えたいけれど聞く耳がない場合、聞く準備ができているほかの選手に「なぜそうしたらいいのか」を細かく教えます。Aという選手に教えながらじつはBに言って聞かせる。Bが聞き耳を立てていて真似をし始めたら、これこそ本来の指導だと思っています。なぜなら、教えられた技術ではなく、創意工夫して身につけたものなので自分の技術になります。選手が自ら試行錯誤しながら取り入れるのがいちばん上達が早いのです。

自分から指導を願い出た西川は6月に入ってから徐々に調子を取り戻し、2016年のシーズン終了時には打率3割1分4厘、外野手としてベストナインを獲得する大活躍の1年になりました。

## 選手の長所をどう見極めて伸ばしていくのか

「足が速い」「球速がある」。選手にはそれぞれ特徴があります。ところが、欠点を直そうとして、持ち味を消してしまうことがしばしばあります。

たとえばコントロールの悪い速球派のピッチャーがいた場合、たいていはコントロールを改善しようとするわけです。しかし、コントロールをよくしようとして、球が遅くなってしまうというのは往々にして起こる問題です。

ファイターズでは、欠点を矯正するのではなく、長所をできるだけ伸ばす指導をしています。球は速いけれどコントロールのよくない選手には、もっと速い球を投げる練習を提案します。なぜなら、コントロールの問題も解消されるからです。

球速を上げようとすると、より理に適ったフォームで投げなければなりません。コントロールの悪さは、身体のバランスが悪いのか、フォームが悪いのか、1つだけではない多くの問題が絡み合っています。一旦、コントロールのことは忘れて、速い球を投げるトレーニングをすればフォームがよくなります。コントロールも改善される可能性が高いわけです。

遠くに飛ばす力はあるけれども、球が当たらない打者であればミートの練習ではなく、もっともっと遠くへ飛ばすようにバッティングフォームの修正を指導します。なぜなら、ボールをより遠くへ運ぶためには、バットの真芯に当てるしかないからです。

これが本来のトレーニングです。結果的に長所が伸びて短所が消えます。2軍監督の時代には、毎週選手からレポートを提出してもらい、フィードバックをして方向性をつくっていきました。

トレーニングが順調で結果も出ている選手には「ここここはほんとうにすばらしい。もっともっと活躍するためにできることがあれば言ってもらいたい」と後押しをします。

うまくいっていない選手には前向きな気持ちになれるよう励まします。

「苦しいときこそ継続することが必要なんだ。苦労したほうが達成したときの喜びは大きいから。そう思うしかない。プロの世界ですぐに成功するわけではない。根気よくやっていこう。意識してできることはできているから、今結果が出ていないことは気にするな」

方向性が間違っている選手には認めながら、立ち止まって考えるよう促します。

「ほんとうによくやっている。でもがんばること以上に大事なのは方向性だぞ。おまえはがんばることができているけれど、その向きが正しいかどうか、もう一度よく考えてみよう」

このように全選手（42人）と月に一度レポートのやりとりをしていました。個別の技術的な課題は、コーチが提出する日報で把握していました。

指導者と選手は経験値が違います。どうしても答えを示して教えようとします。ファイターズでは、選手の課題が見えていても、どうすればいいかわかっていても、指導者側は結論を出しません。どの選手が何をしているのか、それに対してコーチ陣はそれぞれどのように考えているのか。データで共有しながら、選手自らが活躍するための方向性を発見できるような育成をしているのです。

## 育成と結果の両立

チームをつくる人はつくる人、マネジメントする人はマネジメントする人。ファイターズでは役割がはっきり分かれています。

選手を獲得するのはフロントの仕事です。フロントは3年先、5年先を見ながらチーム戦略を練ります。監督は3年後チームに残っているかわからないですし、チームづくりに関わると今年成績を残すことが何より優先事項になります。どうしても即戦力を求める傾向になるため、チーム編成は現場が立ち入るところではないというルールになっています。

フロントの仕事はスカウティング、私たち現場の人間は球団が連れてきた選手を育成するのが仕事です。ですから、トレードや移籍話は新聞紙上で知るくらい、主力が抜けても、どんな選手が入団しても現場は一切文句を言いません。

プロ野球界では、この体制に異を唱える人もたくさんいます。しかし、ファイターズは独自の球団運営をしています。


では、どのように育成と結果を両立させているのでしょうか？


戦力に育つのには時間がかかりますし、トレーニングを強制しても、選手の成長につながるわけでもありません。

実力も考えも練習に打ち込む姿勢もバラバラの選手たち一人ひとりに異なるアプローチで指導しながら、同時に上層部から結果を求められる。スポーツに関わらず、あらゆる分野のリーダーや指導者が陥るジレンマでしょう。

成果と結果が同時に出ないというのは誰でもわかっていることです。結果とは成果の積み上げです。結果を出すためには、成果を出し続けるしかありません。

たとえば10球に3球しかストライクが入らないピッチャーがいるとします。4球になれば十分に成長です。しかし、8球はストライクが入らないと1軍では通用しない。このとき「おまえ、4球ストライクが入ったくらいではプロ野球じゃ失格だぞ」と言った時点で終わりです。3球から4球への成長を評価しないと8球には到達しないわけですから。

「よく4球入るようになったな。今の調子で5球は入るように続けてみよう。5球入るようになったら、違う練習に切り替えてさらに伸ばしていくからな」

指導者は選手の成長を評価しながら、つねに次の手を用意しておかなければなりません。先を見ながら、できるようになるために、どうしたらよいのかを示せるのが指導者です。

成果を出すための考え方は次の3つです。

①成果が上がっているかを検討する
もし成果が出ていれば「より高い成果を出すためにはどうすべきか？」を検討します。もし成果が出ていなければ②へ移行します。

②方向性が正しいかを検討する
成果がプラスであればよりプラスにするため、マイナスであればプラスにするために、育成の方向性が合っているのかを検討します。もし方向性が正しくて成果が上がっていないのであれば③へ移行します。

③方法は正しいかを検討する
方向は正しいのに成果が出ていないのであれば、方法が間違っている可能性があります。最後は、成果を出すために正しい手段を取れているかの検討です。

第5章

# 選手の心を動かす日本一の伝え方

# あきらめている選手への関わり方

ここからはファイターズの例だけではなく、ビジネスやさまざまなシーンでの応用を想定して、相手の心を動かす指導者の具体的な関わりを紹介していきます。

最低限、言われたことは取り組もうとするものの、強烈に「これをやりたい！」という野心はない。発破をかけても反骨精神からかけ離れたところにいて覇気がない。

「もうレギュラーになれなくてもいい……」

こんなふうにあきらめてしまっている選手に「夢や目標をもたなければいけないぞ」と言っても伝わりません。

目標がない選手に対しては、役割を見つけます。大切なのはエネルギーを注げるようになることです。あきらめて練習していてもトレーニングになりません。役割を全うしよう、責任を果たそうという動機でも、主体的に取り組むことが、可能性を開くためには大切です。

「このチームのなかでめざす選手はいるか？」
「このチームのなかでおまえにしかできない役割はあるのか？」

こう問いかけて身近なところに憧れや目標が見つかれば幸運です。
もし選手が「目標とする選手なんていません」「役割なんてありません」とあきらめている場合にはどうしたらいいのでしょうか？

選手はもっていないものに対して「こうしなさい」と言われても、エネルギーを注げません。「目標を考えてみろ」と伝えて無理にもたせることはできても、その選手が熱意をもって取り組めるかどうかは別問題です。

覇気がない、やる気があるのかないのかわからない。そんな練習姿勢の選手には、「白井さんは妙に明るいし、めげてないな。毎日楽しくて仕方ないんだな」と、なんとなくでも思わせる。そこから始めます。

「元気出せよ」と口にされるより、「あの人、なんかすごい元気だな」と感じるほうが前向きになれます。ある程度の時間がかかることは致し方ありません。

「そのうち気がつくだろう」と広い心で捉えつつ、できるだけ短い時間で気づいてもらうために、選手にとって正しい方向性を見つけて提案していきます。


よく選手は「がんばっています。努力しています」と言います。でも成果が出ないのは努力が足りないのではなく、ゴールの設定ができていないのです。

練習とは成果を積み上げるものです。何をどのレベルにするために、どんな練習をするのか。目標から逆算して計画的に組み立てなければなりません。

短い選手生命で、方向性がズレていたら戦力になれず即解雇です。しかし、無理に目標を立てさせるとやらされている練習になってしまいます。

ゴール設定ができていない選手には、実力より少し高いノルマを課すのが効果的です。できるレベルを少しずつ上げていくことで、自信が芽生えてきたり「この方向ならいけるんじゃないか」という感触が生まれてきます。

役割や責任を与えて、言われたことをおこなうというベースを上げていきながら、成功体験を味わうことで、自ら明確な目標をもてるようになっていきます。

プロの世界でも「このままずっと1軍に上がれないのではないか」と不安に思っている2軍選手もいます。むやみに励ますのではなく、「まず2軍で何試合出ようか？」「何本ヒットを打とうか？」と問いかけて「10本なら打てそうです」という返事がきたら「その方法を考えてみよう。どういうことができるだろうか」と一緒にその戦略を練っていきます。

結果が出ていないからこそ、指導者が関わり続ける意味があります。

「相手チームのあの選手を見てどう思う？」

「あいつは練習のしすぎで身体を壊すんじゃないかな。心配だな」

さまざまな例えを引き合い出しながら、目標がない、あきらめかけている選手がエネルギーを注げるような発信をします。大切なのはそのときの姿勢です。

「日本シリーズのプレッシャーを楽しもう！」

口で言うのは簡単です。それよりも「今年の日本シリーズはすごいプレッシャーがかかるけど、このためにやってきたからなー！」と、指導者が楽しげに発信したほうが選手には伝わります。

「なんかあの人妙にプレッシャーを楽しんでいるな」

伝える内容以上に、こう感じてもらうことが大切なのです。

## 大谷翔平はピッチャーがいいのか、バッターがいいのか

大谷翔平は指導者にとってはほんとうにつまらない選手です。大谷のような選手はプロ野球史上はじめてではないでしょうか。技術も身体能力も努力する才能も物事に対する考える力も、すべてを兼ね備えていながら、若くして大成し、まだまだ計り知

れない可能性をもっています。こちらからは何も指導する必要がありません。

「あれだけの選手を指導できて幸せですね」「大変ですね」と、たくさんの意見をいただきます。わたしは栗山監督でなければ大谷の指導は無理だと言っています。

非凡な才能が注目されがちです。ただ、能力だけではなく、練習への取り組み方やチームプレーに対する姿勢も非の打ち所がないので、指導者としてはすべてを任せてしまうようなところがあるわけです。大谷のようになんでも1人でできてしまう選手ばかりなら、指導者の仕事はいらないのではないかと思うほどです。

ただ、栗山監督は大谷に対してかなり細かく指導しています。普段の関わりや会話量はそこまで多くはないと思います。しかし、外食するときは誰と行ったかまで毎回報告させるなど、野球1本に集中させる環境づくりは徹底しています。監督と選手という枠組みには収まらない指導をされています。

よく大谷はピッチャーがいいのか、バッターがいいのかと、メディアで話題にされます。しかし、これは大谷に限らず、すべての選手に当てはまることです。その選手に可能性があるかぎり伸ばしていく。それが指導者の仕事です。いちばんしてはいけないことは、指導する側が勝手に選手の方向性を決めて、可能性の芽をみすみす摘んでしまうことです。

ピッチングもバッティングも両方すぐれた才能をもっているのに「プロの世界ではどちらかに絞らなければ通用しない。甘いもんじゃないぞ」と言ってしまう。

なぜこうした関わりをしてしまうかと言えば、絞ったほうが成功する可能性が高くなるからです。挫折させないのが親心だと勘違いしています。

できるかどうかは誰もわかりません。「そんなことは無理だ」と言った瞬間に実現する可能性はゼロになってしまいます。

「そう簡単にできるものじゃないけど、おまえが挑戦するなら精一杯応援するからな」

これが、選手の未来を広げる言葉です。将来の可能性は指導者が決めることではありません。結果はわかりません。しかし、可能性を信じ、芽を摘まずに育てるのが指導者の役割です。

また「現有戦力はピッチャー陣が手薄だからピッチングに専念してくれるか？」と、チームのためにバッターの可能性を捨てさせるような指導もしません。もちろん、大谷はどちらもできる選手なので、作戦として役割を与えることは当たり前です。

ただ、どんなプレイヤーに育つかは大谷が決めればいいのです。チームとしての最大テーマは「意識してできることを最後まであきらめずに全力でおこなう」ことです。

このベクトルから外れなければ、大谷は二刀流の可能性を追求し、ほかの選手も求める可能性を追求し、それがチームのめざす日本一に高いレベルでつながっていけばいいのです。

## 「チームのために」がもっとも個人を成長させる

日本一をめざすことから日本一になるためにふさわしい技術や練習が見えてきます。だから、日本一をめざすことで個人も伸びます。

チーム全員で思いをひとつにして、思いを力にして成功を勝ち取り、背負った分だけその成功の喜びを多くの人たちと分かち合うことができる。これがチームスポーツの魅力です。背負うことが大切で、背負った分だけ力になります。

フォー・ザ・チーム（For the team）で努力することが個の成長にもつながっていくのです。選手はみんなうまくなりたいし、そのためには練習しかありません。何が必要なのかは選手がいちばんよくわかっています。

1人でサボってダメになるなら本人の自己責任です。でも、サボったことでチーム全員に迷惑がかかります。その責任を取れないのであればがんばるしかないのです。がんばればチームにとっても個人にとってもプラスになります。

選手が心の底から野球がうまくなりたいと思って練習をすべて全力でするようになったときは、じつは指導者がいないほうがうまくいきます。

居残り練習に付き合ってくれるコーチはありがたい一方で、選手には申し訳ないという気持ちも生まれるわけです。わたしの現役時代を振り返っても「もっと練習したいのだから、放っておいてほしい」というのが本音でした。

ヒルマン監督の時代は、選手に要請されないかぎりに、コーチは個人練習に付き合わないというルールが決まっていました。

練習とは成果を出すためのものであり、居残りを命じられても成果が出なければ練習しないことと同じです。

24時間の限られたなかで、チームとしての練習時間は決まっていて、残りの時間をどう使って自分の何を高めていくのかは選手個人が考えなければいけません。それぞれの選手に必要な練習は70人いれば70通りあります。指導者は管理者ではないので、選手全員に付きっきりにはなれません。

チーム練習以外は何もしない。自分なりに勉強しようともしない。本人に学ぶ意欲がないケースがあります。会社員であれば、与えられた仕事を言われたとおりにするだけで、自ら考えようとも、専門性を高めようともしない人でしょうか。

また、コーチが見ているときだけ真剣に練習する選手もいます。それはまったく意味のない練習です。

ゴールを描けなければ、今努力することに興味は湧きません。目標は無理につくるものではなく、「なんとなくこれをやりたい」という願望から出てくるものです。家、自動車、洋服なんでもいいのです。「こんな暮らしがしたい」という欲でも、向上心のきっかけになります。

「あいつ、いい車に乗ってるけど、車に興味はあるのか？」と、ちょっとしたことでも、さまざまな観点で願望が具体的になるような関わり、向上心や好奇心が芽生えるきっかけづくりを続けていきます。

「ほどほどでいいんです」という人もいます。価値は他人が見出すものではありません。自分で見つけて高めていくものです。

他人から見たらものすごく魅力的な仕事に就いていたり恵まれた環境にいるのに、全然楽しめていない人もいるわけです。反対にどんな仕事でも進んで価値を創造しようとする人もいます。その違いは価値を感じられるかどうかで、人は価値のないものに対してがんばれません。

ですから、わたしは目標を達成したければ、達成の方法を学ぶ前に、達成したときにどんな価値があるのかをありありと描いて、どんどん膨らませていく作業が大事だと思っています。それも難しければ、会社から求められることをいち早く終わらせれば、自分の好きなように過ごせると考えることもできます。自由な時間をたくさん手に入れるためにがんばれるのなら、それもいいでしょう。

もしくは目の前の仕事をどう終わらせるかで、価値が変わることに気づいてもらうことです。同じ仕事をしても終わったあとに「やっと終わったか」と思うか、「今日は仕事したな」と思うのかは人によって異なります。

## 「どうせ同じ練習をするならどっちがいい？」

選手にはこう問いかけます。練習もどうせするのだったら、疲れるかもしれないけれど、達成感があったほうが充実した気分で終われます。人の目を盗んでサボりながら1日終わったところで何も残らないわけです。真剣に練習すれば、たくさん得るものがあります。

# 日本一を達成してもモチベーションが下がらない秘訣

日本一は野球選手にとって最高の喜びです。苦楽を共にした仲間と喜びを共有できる。ビールがけであんなにもはしゃげるのはまさしく価値ある瞬間です。

優勝パレードでは13万人以上の人たちが沿道で声援を送ってくれました。「こんなにも多くの人たちに喜んでいただいている」と、最高の感動を味わいました。すべて優勝しなければわからない、かけがえのない経験の記憶です。

達成の先にあるたくさんの喜びをつねに見ていかねば、目先の苦しさに負けてしまいます。苦しみを乗り越えないと、目標を達成できないことは皆理解しながら、なかなかできないわけです。達成した先の価値が見えていないからです。つまり目標に価値を感じられないのです。目標の価値をどんどん先へ先へ広げていくと「もうひとふんばり」と今をがんばれるようになります。

そこでひとたび日本一になったあとは、こんな質問を受けるようになりました。

「日本一になって、次の目標はどうするのですか？　モチベーションは続くのでしょうか？」

日本一になったから頂点を極めたわけではなく、2連覇、3連覇と高みはどこまでも続くわけです。最大の問題点は、目標は達成したら満足してしまうことです。

わたしは二塁手として545回の守備機会連続無失策というパ・リーグ記録をもっています。達成したのは1994年9月29日。じつはその翌日にエラーをしてしまったのです。記録達成した瞬間に600回、700回と、ただちに次の目標を設定すべきだったのに、ひと間を置いてしまったら、そのひと間で失策をしてしまいました。

選手は達成に必死で次の目標をなかなか準備しておけません。そこでひとつの目標を達成したら、指導者から次のゴールを設定できるように働きかけます。

## 「来季、2連覇を狙えるのはうちしかないぞ」

ソフトバンクに11・5ゲーム差をつけられていたときには次のように言いました。

「連覇中のホークスだぞ。もしこのゲーム差をひっくり返すことができたら球史に名を残すチームになるぜ」

伝え方ひとつで価値はまったく違うものに変化します。ファイターズの再建に着手したときもコーチに真っ先に伝えました。

「いままでと同じやり方でがんばるより違う方法で結果を残せたら、将来野球界の指導法をまったく変えることになるかもしれないぞ。やってみようじゃないか」

こう言われたほうがワクワクします。

指導者はすべて価値を高めるために発信するのです。そのためにイメージを膨らませて、聞いている側が鮮明に、何かほんとうに達成できそうな気がしてくるような伝え方をします。

## 言いきらせることで、熱く心が動きだす

「これが球史を変えるかもしれないぞ」

前向きな発信をしても伝わらない。心が冷めてしまっている選手もいます。冷めている人が多いからこそ言い続けるのです。伝え方を変えて言い続けるしかありません。それがいちばん難しいことです。

スポーツは有言実行しかないのです。言わなければ達成できなくても誰も何も言いません。有言とは責任を負うことです。責任を負えば実行せざるを得ない。がんばる理由ができる。だから選手にもこう伝えています。

**「有言実行しかダメだ、言ったもの勝ちだ」**

言いきることで自分自身の脳を騙せるし、周りの支援も得られて実現の可能性が高まります。だから、選手にも必ず言わせるのです。

日本人はとくに「自信がないし、まだまだ努力が足りていないし、相手は実力者だし……」と前もって言いながら、結果が出たときに「じつは自信があったんです」と打ち明ける。これを謙虚さだと勘違いしています。

ほんとうに謙虚な姿勢とは「事に臨むにあたって万全の準備をしてきましたので自信があります。任せてください」と言いきり、結果が出たときには「今日はほんとうに恵まれていましたし、ファンの皆さんの声援に後押しされて活躍できました」と言うことです。

始める前に謙虚で、結果が出たあと傲慢な人は山ほどいます。自信をもって始めるために、やるべきことをすべておこなって準備するのが、何かに臨むときのほんとうに謙虚な姿勢です。

# 自信を失っている選手を巻き込む方法

万年最下位のチームを立て直すために、選手たちに開口一番、こう言いました。

## 「みんな勝ちたいか？」

「勝ちたいと思った瞬間に勝てるチャンスはたくさん出てくるんだ。何が起きる？勝ったら誰が喜んでくれる？　家族やファンの人たち？　彼らはなんて言ってくれるだろう？　勝つとよいことがたくさんある。勝とう！　勝つために必要なものはなんだろうか？」

技術、作戦、チームワーク……。さまざまな意見が出ます。気持ちが何よりも大事だと言う選手もいます。

「そうだな。いままでいろいろ努力してきた。必死にやってきたけれど、なかなか結果が出ていないんだ。同じがんばり方をすれば同じ結果になる。違う方法を試してみよう。おれにもいろいろと考えていることがある……」

「この指導者はいままでとは違うな」と思わせる、何かしてくれそうな、期待値を高める関わりをして、さまざまな方法を提案していきます。

目標は練習が終わったときにへとへとになっていても「これを続けたら絶対に勝てそうだよな」と思ってもらうことです。疲れていたとしても「この疲れは勝ちにつながる」と選手に思ってもらえるかどうかが指導者の手腕です。

「次の練習が楽しみで仕方ないです。コーチ」

「そうか、ならば次の練習までに課題を出しておくからな」

こうしたサイクルで選手は上達していきます。

万年最下位争いをしているということは、たくさん欠けている部分があるわけです。欠点だらけのチームがほかのチームと同じことをしていても結果は出ません。一人ひとりの能力が足りないのであれば、チームとしてまとまらないといけません。横綱相撲をしても絶対に勝てないから、奇襲をするしかない。そのためには作戦が必要です。

弱いからこそ変えられるものがたくさんあります。何十年も優勝していない、万年最下位争いのチームだったからこそ、わたしはいちばん条件のよいチームだと思いました。生半可に結果が出ていたら、改革なんてできません。指導者として最大のチャンスがファイターズにはありました。

## 言い訳が出そうな場面での対処法

2013年にファイターズは最下位に転落しました。じつはその前からだんだんと走らない選手が増えていました。「意識してできることを全力でするのだ」と言い続ける人が減っていたのだと思います。

だから、わたしは作戦担当のコーチという、選手とコミュニケーションを取る時間がいちばん多いポジションを与えていただきました。

毎試合、全選手の前でミーティングを開きます。作戦を浸透させるために選手たちには「きみたちは作戦を立てる側ではなく実行する側だ」と伝えています。

「作戦は作戦であって、正しいときも間違っているときもある。間違えた手を打って成功するときもあるし、誰から見ても正攻法でも失敗することもある。結果の予測は作戦を立てる側の問題だ。みんなは作戦を実行することだけを考えてくれ」

役割をはっきりと示すことで納得が生まれます。

わたしは3塁コーチなので、サインの確認を毎回必ずおこないます。大きな変化はなくてもです。そして、前回の振り返りと今回の作戦予想をします。

説明は具体的にします。指示は何をすべきか明示しなければなりません。そして選手を指名してサインの確認をします。そこまでしても作戦や指示が徹底されなかったり、ミスは起こります。

西川遥輝はよくボーンヘッドをします。ボールカウントを間違えて離塁してしまったり、守備のときは1アウトなのにレフトフライを捕球してそのままスタンドにボールを投げ入れたこともありました。集中力に欠けるプレーがたまに出ます。

そんなとき、ベンチに引き上げてきた西川に「バカヤロー」とは怒鳴りません。

**「いちばん恥をかいているのも反省しているのもおまえだと思う。何があったのかはわからないけれども、問題はおまえがいちばん理解しているはずだ」**

コーチはプレーのたびに1アウト2アウトと、しつこくサインを出しています。それでもミスが起こってしまうのは、指導者の意識づけや確認が足りていないからです。

「大事なのは二度と同じことを起こさないことだ。以前にあったことがまた起こっているのは何か原因があるはずだ。これを乗り越えられるのはおまえしかいないんだぞ。おまえにつらい思いをさせたくないし、こちらでもできることはないか？　何かあったら言ってくれ」

具体的な改善方法を一緒に考えます。

もしここで「理由を聞かせてくれ」と言うと、「アウトカウントを間違えていたわけではないのですが……」とたくさん言い訳が出てきます。

ですから、言い訳という言葉は一切出しません。言い訳が出そうな場面では、「言い訳をするな！」と言うより話をさせない。何を言っても言い訳になるわけですから。

「今度からきちんと意識するようにします」と具体策が出てこないときでも「次からはアウトカウントのサインを出したら、自分でも2アウトとサインを返すようにしよう」と、具体的なアクションが決まるまで関わり続けます。

明らかなミスは、反省しているのも、何が問題かいちばんわかっているのも本人ですから、何も言わなくていいのです。

もし新たに定めたルールをこちら側が守れなかったときには？　たとえば、監督とサインのやりとりをしていて、選手にサインを出すのを怠ってしまうことが年に一度くらいは起こります。滅多にないことではありますが。そのときは「それは確認しなかったおれが悪かった」と自分から先に謝ります。

「おれたちにも間違いがある。ごめん。だからおまえたちが間違えるのもありうることだ。おれたちも山ほど間違いをしてきた。だからこそおまえたちに同じ間違いをさせたくないんだ」

コーチも人間ですから、ミスをするときもあります。決めたルールを守れないときもあります。西川は年に2回～3回あったボーンヘッドが、2016年は1回に減りました。半分になったわけですから大きな成長です。

## 悪い流れを断ちきる もっとも効果的なミーティング法

選手のモチベーションは一定ではありません。やる気に満ちているときも、ないときも、疲れているときも、負けを引きずっているときもあります。

試合直前のミーティングで何を発信してどう選手たちを試合に臨ませるかはコーチの腕の見せ所で、作戦担当の醍醐味のひとつです。発信することがなくなる日だってあります。それでも何かを考えて発信していくのは指導者としてのスキルアップです。
そこから逃げるわけにはいきません。

チームの調子が悪いときには、まずよかった点を探します。勝てなかったけれど何がよかったのかを伝えます。

「昨日7点差つけられたとき、チーム一のベテラン選手である飯山裕志は最後の打席で全力疾走をしている姿勢はすばらしかった。ああいうあきらめない姿がファンに感動を与えたり、チームメイトを鼓舞するんだ。飯山がエラーしてもみんな何も言わないのは、あいつはいつもやるべきことをきっちりしているからだ。そういう選手になりたいと思わないのか？」

また、2016年の日本シリーズで2連敗したときはこう言いました。

「ファイターズは11・5ゲーム差をつけられたときから今日まで負けられない試合の連続だった。おまえたちは土俵際に強いよな。クライマックスシーズンだって1つのアドバンテージがあったけれど、ホークスの強さはみんなが身に染みているからギリギリの戦いのなかで力を発揮して勝ってきたんだぞ。ここまで2連敗してようやくおまえたちの得意な土俵際までできたぞ」

緊張をやわらげたり、気持ちを前向きに高揚させる効果があるので、負けが混んでチームの空気が重いときこそ、意識的に笑いを引き出そうとします。外したときも、笑うまで笑わせ続けます。

レアードが打てない時期、わたしがニューヨークで通っていた寿司屋の大将が出店している札幌のお店に誘いました。

じつはヤンキース留学時代、英語が話せないわたしをヒルマンはよく食事に連れて行ってくれました。コミュニケーションが取れない外国人を、球場を離れたあとにわざわざ自宅に招くなんて面倒くさくて普通ならできません。文化も言葉もわからず疎外感があるなかで、一員に加えてくれたことをうれしく思いました。

それ以来、わたしも外国人選手が新しく来たときにはキャンプでよく食事に誘っていました。

「レアード、おまえは力みすぎだ。寿司は軽く握らないとおいしくない。おまえのは力が入りすぎてるから、寿司ポーズでもやって、リラックスしたらどうだ？」

大将と3人でこんな話になりました。

「それいいね。打席に入る前に寿司ポーズはできないから、おれがコーチャーズボックスからやってやるから力むなよ」

それからあのお決まりのポーズが生まれました。空気が重いときほど、笑いが効果的です。ミーティングでは必ず笑いをどこかに入れます。

## 積極性を生み出す具体的な指示

人前で話すとは考えることなので、何を発信すべきかいろいろなことを考えます。話すことが下手だと言って放棄するのではなく、見つけていかねばなりません。さまざまな切り口で、わかりやすく表現します。

調子が悪い選手にはこう言います。

「打てなかったらどうしようと思って打席に立っているだろ？　いいか、打てなかったらどうしよう、みんなに迷惑をかけると思って打席に立っても、普段どおりで立っても同じ試合だ。『おれは絶対に打つ！』と思って打席に立つのとどちらが打てる可能性が高くなるだろうか？」

「気合を入れて打席に立ったほうです」

「今から打席に立つのだから、まだ結果は出ていないんだぞ。どちらの気持ちかは自分で選べるんだぞ。どっちを選ぶべきだ？」


また、例えを出してイメージさせます。

「大事な場面を任されたときに『なんでおれに回ってくるんだよ』と思うことはよくあると思う。始める前からできなかったらどうしよう、もしできなかったときに何かを言われる。結果は誰にもわからないのにできないという前提ですべてを受け止めてしまうことはあると思う。

日本シリーズ第7戦、9回裏2アウト満塁の場面。『もし打てなかったら監督やコーチ、チームメイト、ファンから何を言われるかわからない……。このピッチャー苦手だし。やばいよなやばいよな～』と思いながら打席に立つ選手。

一方で『おれのバットでチームを絶対日本一に導いてやる！　このピッチャーには抑えられてきたけど、いままでの分を取り返してやる！　おれは絶対に打つ、おれなら打てる』と思いながら、『さぁこい！』と構える選手。

同じ人間、同じ調子だったとして、おまえが監督だったらどちらを使うんだ？」

「後者です」

「前者を選ぶとは自ら成功を放棄しているようなものだ。あれだけがんばってきたのに、最後の打席にどう立つかでまったく別の現象が起こる。おまえはおれが手塩にかけて育ててきた選手だ。おれだって後者を選んでほしい。いままでのことを台無しにするのか、すべてプラスにするのか。考え方ひとつなんだ」

「そんなのわかりきってます」

「そうだよな。でも今のおまえはどうだ？　間違えたほうを選んでいないか？」

こうしたケースをたくさん引き合いに出して選手に説明します。

「思いきっていけ！」ではなく、どうしたら思いきりが出るのかを考えて、具体的に指示するのです。思いきりがよいとは、やるべきことが明確になっていることです。「この手を打って相手にやり返されたら仕方がない」と思えるから、思いきりのいいプレーができます。

「なるようにしかならない」というのはあきらめです。「これさえやっていれば大丈夫！」という確信のもとで「このプレーに徹する」と決めて、あとは結果を受け入れるという精神状態。これが開き直りです。

「9回裏2アウト満塁でツースリー。いちばんストライクを取れる可能性があるところはどこだ？」

「ど真ん中です」

「そうだよな。ど真ん中に投げれば打たれる可能性があるな。でもど真ん中に投げるときに、ほんとうにど真ん中に行く確率はどのくらいあるだろうか？」

「そんなに多くはないです」

「ストライクを欲しがって置きに行ったボールと、『打てるもんなら打ってみろ！』という強い気持ちで投げたボール、どちらが打ち取れる可能性が高いだろうか？」

「後者です」

「そうだよな。そのなかでいちばん自信のある球と、いちばん苦手な球、どちらを投げる？」

「得意なボールです」


**「そうだよな。それで打たれたら仕方ないじゃないか。やるべきことをやろうぜ！」**


こうして何をするべきかが明確になっていきます。抽象的に「思いきっていこうぜ！　おまえなら大丈夫だ」と言ってもなんの説得力もありません。

選手に指示するときはつねに具体的な指示です。それで結果が出なかったら、責任は指導者にあります。

## 一流の指導者と二流の指導者を分けるもの

具体的な指示をするべきなのに、多くの指導者は注意事項が大好きです。経験的に「この場面ではどういうミスが起こりやすいのか」予測がつくようになるからです。「こういうことに注意していけよ」と、起こりそうなことを注意すると、選手の意識に残ってしまい、言われたとおりのミスを犯す。よくあるパターンです。

「高めに手を出すな」と言われると、「高め、高め」と意識するので高めの球を振ってしまうわけです。

そして指導者は矢継ぎ早に畳みかけます。

「おれは打席に行く前になんて言った？」

「高めに注意しろと言いました」

「そうだよな。注意したのにも関わらず、やったのはおまえだぞ」

注意事項は指導者にとっての保険でしかありません。選手に意識してもらいたいことは具体的な指示に変えます。

「あのピッチャーは低めの球に威力がないからな。低めを狙っていけ！」

よい指導者になったように思えます。しかし、「低めを狙っていけ」と指示すれば、今度はボール球を振ってしまうリスクが頭をよぎるわけです。

そこで「でもボール球には手を出すなよ」と最後に保険をかけます。すると高めも低めもダメになり、選手は手が出なくなります。

気をつけてもらいたいことがたくさんあるので、指導者はつい注意事項が出てしまうのです。「もし注意してしまったら、必ずやるべき具体的な方法を付け加えよ」とコーチ陣には言います。「ボール球には手を出すな」という指導は、小さいころから散々言われていることなのです。その言葉が入った途端に選手はブレーキをかけてしまいます。

「おまえは低め得意じゃないか。少々ボール球でもいいぞ。おまえなら絶対に行ける。さぁ任せた！」

こう言って送り出したほうが、打てる確率は高くなります。

ランナー1塁で相手チームはゲッツー狙いの場面。1塁2塁間が空いているので、ライトに打てば1塁ランナーは3塁まで進塁の可能性があります。ヒットの確率が高くかつチームとしてチャンスを最大限広げるのは右方向へのバッティングです。

このときに「右方向を狙っていこう」ではなく、「おまえが右方向へ打つのにいちばん得意なのは外角低めじゃないのか？　2ストライクまではそこ1本を狙っていこう。2ストライクになったら……」と具体的に実行することを伝えます。

もし結果が出なかったら？

## 「指示したこちらの責任だから」

これで終わりです。

二流の指導者は最初に責任をとって、最後に責任をなすりつけます。

「おれが責任を取ってやるから、失敗してもいいから思いきってやれ!」

こう言って失敗して帰ってきたら「あれじゃダメだ……」と始めてしまいます。最悪なのは「おれはこう言ったのに、やらなかったおまえが悪い!」と選手を犯人扱いする指導者です。


一流の指導者は最初に任せて、最後に責任を取ります。栗山監督は選手を信じる力がとても強い。良くても悪くてもつねに選手を信じきります。信じてくれるからこそ、選手は力を発揮できる。だから結果が出ます。

ホークスと11・5ゲーム差がついているときには、監督が全選手を集めてこう切り出したのです。

「あきらめることはいつでもできる。でも、これをひっくり返せば球史に名を残すチームになれる。そのチャンスが目の前にあるぞ。おれは必ず優勝できると信じている。だから、これからはホークスしか見て戦わない」

そして、7月1日のヤフオクドームでのホークスとの3連戦の先発に3本柱（高梨裕稔、有原航平、大谷翔平）を起用しました。セオリーなら第1エースと第2エースは必ず連戦のカードを分けます。なぜなら、3本柱を使ってしまうと、次の3連戦には4番手以下を先発させることになるので、ずるずると6連敗する可能性が高くなるからです。

ホークスに勝つのもほかのチームに勝つのも1勝は1勝です。もしこの采配が失敗して6連敗を喫したら、優勝どころかAクラス入りも困難になるかもしれない。しかし、監督は優勝しか見ないと公言しました。その象徴が3連戦最後の7月3日、1番・投手として大谷が先発出場した試合でした。

球場にスターティングメンバーがアナウンスされると、スタンドもざわめきました。当然です。プレイボールがかかってヒットを打ったら1塁まで全力疾走し、そのあと2番がバントをすれば2塁までまた全力疾走。3番がヒットを打ってくれれば、今度はホームまで全力疾走が必要になります。そんな試合展開になったら、ピッチャーとしての準備をする時間なんてありません。

ところが、蓋を開けてみたら、中田賢一選手の初球124キロのスライダーを右中間席に叩き込む先頭打者ホームラン、1番ピッチャーのホームランは45年ぶりの快挙でした。この日、大谷は8回を無失点に抑えて、2対0でファイターズは勝利しました。ソフトバンクとの3連戦を全勝して15連勝につながったのです。


この出来過ぎた展開は、プロ野球ファンからまるで漫画のような試合だったと評されました。しかし、もし失敗していれば、どれほどの批判が巻き起こったでしょう?

選手を信じきっている栗山監督だからこそ、できた采配です。すべてを任せられると、選手はがんばらざるを得ません。そして、結果が出ます。

栗山監督は、私たちコーチ陣にもこう言います。

「わたしは指導者経験がないまま監督になりました。皆さんのほうがよほど指導者としての経験が長い。皆さんにお任せします」

そして結果が出たときには「皆さんのがんばりで勝つことができました。どうもありがとう」と言ってくれます。

信じて任せて感謝する。この姿勢を一切、崩しません。だから、どんなときでもコメントは「すべてわたしの責任です」なのです。責任を放棄したり、他人を一切批判しません。

だからこそ、リスクの大きい決断をするときほどコーチ陣には相談しないのです。なぜなら、コーチに同意を求めたら責任を負わせてしまうからです。

コーチ陣も監督の決めたことには誰も何も文句を言いません。なぜなら、私たちでもいつ寝ているのかというくらい選手、チームのことをつねに考えているからです。四六時中監督業に邁進している監督です。

「あの人はどんな結果が出ても責任を取ってくれる」と認識されたとき、指導者の言葉はどんどん選手に入っていきます。

もし具体的に指示をしないのであれば、最初にすべてを任せます。任せたうえで失敗してしまったら？　任せた側の責任です。

## 「やろうと思っていたんです」が出てきたら……

具体的な指示をしても、選手が不実行の場合は、もちろんあります。

「やろうと思っていたのです」

こう言い訳が出てきたときには、どう伝えればいいのか。

「われわれもプロだから、おまえがやろうと思っていたかどうかはよくわかる。おまえにも言い分があるかもしれないけれど、最終的にはできるかどうかがプロなんだ。結果にコミットしないとダメなんだ。『やろうとしていたけどできませんでした』はプロにはふさわしくない発言だぞ」

ただし、ここまで言ってもできません。1塁ベースに全力で走るという当たり前のことでさえも。だから多くの指導者はあきらめてしまいます。

しかし、わたしは目の前で起こる手の抜いたプレーを見て見ぬフリができません。見逃せば自分は指導者失格だと思っています。

「だらしないぞ」と鼓舞したり「やるべきことをやろう」と励ましたり、「おまえが全力で走ったことで、どれだけチームにとってプラスに働くだろうか？　周りの選手、相手チームはどう思うだろうか？」と視野を広げたり、毎回毎回違う言い方をします。その選手だからこそ走ることに価値があることを伝えるのです。

言い訳しているかどうかは選手がいちばんよく知っています。それでもなぜできないのか？　伝え方が悪いからです。同じことを伝えても響いていないのです。

選手ができるようになるためにどう関わっていくのか、何を届けるのか、その試行錯誤に指導者としていちばんの醍醐味があります。

# おわりに

指導者は努力しているのにチームや選手が伸びないとき、どうしても自分以外のせいにしてしまいがちです。

「このチームは可能性がないんじゃないのか？」

「選手たちの努力が足りないんじゃないのか？」

そこには言葉や態度には出さなくても「こんなに一生懸命指導してやっているのに」という気持ちがあります。

自分自身に問いかけてみてください。指導者にとっての成功とはなんですか？　選手の成功以外にないはずです。指導者は自らが成功するために、選手の成功に関わらせていただいている立場。それなのに選手が成長しないのだとしたら、責任は指導者にあります。

あなたは指導者として成功したいですか？
毎日達成感、やりがい、充実感を味わいたいですか？
心の底から指導できることに感謝していますか？
選手の可能性を選手以上に信じていますか？
選手の成功を選手以上に喜べますか？

成果が出ないときに「元気を出せ！」「がんばれ！」と言っても、選手の心には響きません。自分から元気を出せば、選手は元気になります。がんばる姿を見せれば、選手は努力し始めます。そうして選手の可能性が引き出されて、達成の歓びを一緒に分かち合える。指導者とはなんというすばらしい職業でしょうか。

指導者は選手がいるからこそ成り立つ存在です。これを肝に銘じながら、これからも最高の指導者をめざして成長していきたいと思います。

２０１７年２月

白井一幸

**白井一幸（しらい・かずゆき）**

北海道日本ハムファイターズ　1軍内野守備走塁コーチ兼作戦担当
駒澤大学を卒業後、1983年ドラフト1位で日本ハム入団。1987年ベストナイン、ゴールデングラブ賞受賞、1991年リーグ打率3位、最高出塁率を記録。現役引退後、日本ハムの球団職員となり2軍総合コーチ、2軍監督を経て、2003年から1軍のヘッドコーチを務め、リーグ優勝2回、日本一1回を獲得。2014年より北海道日本ハムファイターズ1軍内野守備走塁コーチ兼作戦担当を任され2016年に10年ぶりに日本一に輝く。JPSA認定ベーシックプロスピーカーとして全国で講演活動をおこなう。著書に『メンタル・コーチング 潜在能力を最高に発揮させるたったひとつの方法』『わが子を一流選手にするメンタル・コーチング』（PHP研究所）がある。

# 北海道日本ハムファイターズ流
# 一流の組織であり続ける3つの原則

2017年（平成29年）2月28日　第1刷発行
2019年（令和元年）11月10日　第4刷発行

著者———白井一幸
発行者——青木仁志
発行所——アチーブメント株式会社
〒135-0063 東京都江東区有明3-7-18 有明セントラルタワー19F
TEL 03-6858-0311（代）／FAX 03-6858-3781
http://www.achievement.co.jp

発売所——アチーブメント出版株式会社
〒141-0031 東京都品川区西五反田2-19-2
荒久ビル4F
TEL 03-5719-5503／FAX 03-5719-5513
http://www.achibook.co.jp

公式ツイッター @achibook
公式フェイスブックページ http://www.facebook.com/achibook

装丁——mashroom design
DTP——キヅキブックス
カバー写真——©Hokkaido Nippon-Ham Fighters
印刷・製本——シナノ書籍印刷株式会社


ISBN 978-4-86643-007-2

## アチーブメント出版の好評既刊

### 文庫版　一生折れない自信のつくり方

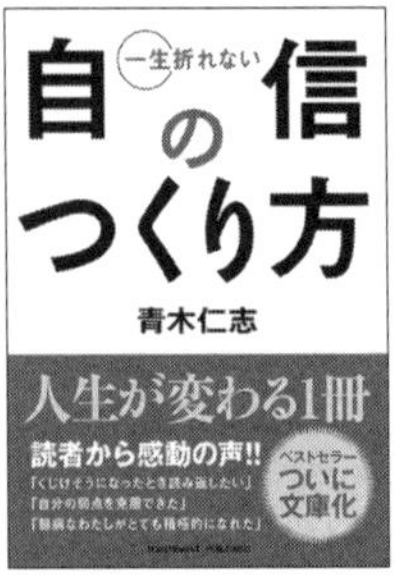


青木仁志 著
650円＋税　文庫判・並製本・304頁
ISBN978-4-905154-97-6

15万部突破のベストセラー待望の文庫化！　自信に満ちた自分の姿をイメージしてみてください。そこが自信形成のスタート地点。人は誰でもよくなれます。

---

### FCバルセロナの人材育成術

アルベルト・プッチ・オルトネーダ 著
村松尚登 監訳
1600円＋税　B6判・並製本・272頁
ISBN978-4-905154-15-0

なぜFCバルセロナでは勝ちつつ育成ができるのか？　プロをめざす子どもたち、親御さん、指導者、教育者に贈るFCバルセロナの指導哲学。

---

### ゴールは偶然の産物ではない
### ～FCバルセロナ流世界最強マネジメント～

フェラン・ソリアーノ 著
1100円＋税　B6変形判・並製本・320頁
ISBN978-4-905154-59-4

破綻寸前のFCバルセロナをV字回復させた経営戦略とは？　すべてのチームを勝利に導く「常勝チーム」をつくる技術。